大丈夫、不登校は解決できる。

学校に復帰したくなる「ネバー・マインド」メソッド

不登校児支援スクール
ネバー・マインド 編

はじめに

この春も、多くの子供たちが「ネバー・マインド」を卒業していきました。卒業式では、一人ひとりに発表の時間があります。もちろん、涙《なみだ》、涙の発表大会です。今まで、多くの人たちに支えられてきたことを思い出して、感謝の言葉を口にする子供たち……、不登校という挫折《ざせつ》体験を乗り越《こ》えて、暗闇《くらやみ》の底でつかんだ「悟《さと》り」を発表する子供たち……、誰《だれ》もが口々に言うことは、「もし、ネバー・マインドに出合っていなければ、人生がどうなっていたか分からない」「ネバー・マインドに出合えて本当によかった」という喜びの声でした。

二週間以上在籍《ざいせき》してくれた子供たちの九十六パーセントは、再登校、進学を決めていきました。なかでも、一カ月以上在籍した子供たちは全員、不登校から脱出《だっしゅつ》し、再登校、進学をしていきました。

本書では、ネバー・マインド（気にしなくてもいいんだよ）という一風変《いっぷうか》わった名前を持つ、このフリースクールが、どんな方針や指導によって、子供たちの人生にどう影響《えいきょう》を与えてきたのか、ありのまま、包み隠《かく》さずにお伝えしていきます。本書で紹介《しょうかい》している、不登校になった子供たちが笑顔と自信を取り戻《もど》すミラクル・メソッドで、きっと、あなたの人生にも一筋《ひとすじ》の光明《こうみょう》が射《さ》してくることと思います。

二〇一五年四月

幸福《こうふく》の科学宗教教育企画局《かがくしゅうきょうきょういくきかくきょく》　不登校児支援《ふとうこうじしえん》スクール　ネバー・マインド

Contents
目次

第2章

「○○障害」というレッテルに惑《まど》わされないで

第3章 いじめに遭《あ》った子供たちが笑顔と希望を取り戻すには

第4章 親子で不登校を乗り越《こ》えよう

終章

「ネバー・マインド」メソッドで幸せな人生を

※文中、引用しているものはすべて、大川隆法《おおかわりゅうほう》総裁の著作《ちょさく》（幸福の科学出版刊）・小冊子・御法話《ごほうわ》となります。

※文中、登場する人名は原則、仮名としています。

序　章

不登校の子供のために
大人ができること

1　子供の将来のために必要な教育とは？

中学生は「クラスに一人が不登校」

ゆとり教育以来、日本の学校教育の崩壊《ほうかい》が叫《さけ》ばれて久しいですが、文部科学省の調査によると、中学校では三十七人に一人の割合（二〇一三年）で不登校の生徒がいると言われています。この数字は、だいたい一クラスに一人、不登校の生徒がいることを表します。不登校の原因として多いのは、「不安などの情緒《じょうちょ》的混乱」「無気力」「親子関係・友人関係をめぐる問題」「いじめ」などが挙げられますが、最近では原因のはっきりしないケースも少なくありません。そのため、不登校を解決できずに悩《なや》んでいるお子さんやご両親、学校の先生方も多いのではないでしょうか。

不登校になった生徒の多くは、各市町村が運営する適応指導教室や教育支援《しえん》センター、ＮＰＯが運営する民間のフリースクールなどに通うようになるわけですが、それらはたいてい、子供の自覚的な学びを重視するとして、子供たちを自由にさせておくだけの「児童中心主義」を取り、「子供の今の状態を丸ごと受け入れる」ということに重点を置きます。やりたいことをやらせて、髪型《かみがた》、服装、スケジュール等もすべて子供の自由にさせているようです。しかし、残念ながら、そうしたスクールでは、学校に復帰できた子供は五割に満たず、ほかの子供はフリーターや引きこもりになっているのが現状です。

みんな、神の子、仏《ほとけ》の子

そうしたなかで、私たちの「ネバー・マインド」では、九十六パーセントの子供たちが再登校や進学を果たしています。なぜそのようなことが可能になっているのでしょうか。

ネバー・マインドは、幸福の科学グループ創始者兼《けん》総裁・大川隆法《おおかわりゅうほう》先生によって設立された、幸福の科学を母体とする不登校児支援スクールです。

不登校児とそのご両親の悩みに寄《よ》り添《そ》い、子供一人ひとりが実り豊かな人生を歩めるように支援をしたいという思いのもと、「信仰《しんこう》教育（※）」と「学業支援」を中心に据《す》えた支援を行っています。

「信仰教育」というと驚《おどろ》く方もいるかもしれませんが、子供たちが本当の自信を取り戻《もど》すには欠かせないものです。不登校の子供は、授業についていけなかったり、友達とうまく接することができなかったりして、孤独《こどく》な気持ちになっていると、「どうせ自分なんか……」とか、「全部、自分が悪いんだ」というような言葉が出てきて、自己イメージが非常に低くなっていることが多いです。

ネバー・マインドでは、そうした子供たちに、まず教えることがあります。それは、「人間はみんな、神の子、仏《ほとけ》の子である」ということです。大川隆法総裁は次のようにおっしゃっています。

「人間は、仏の子、神の子としての生命《いのち》が宿っているから尊いのです。仏の子、神の子としての生命は、磨《みが》けば燦然《さんぜん》たる光を放つからこそ、尊いのです。それが人間の尊さです」（『生命の法』）

また、このようにもおっしゃっています。

※ネバー・マインドでは、幸福の科学の教えに基づき、仏神への信仰やあの世の世界、この世に生まれてくる意味などを教えています。

「人間は、（中略）自分自身を変え、自分自身をつくり、自分自身の未来を夢のあるものに変えていくことができるからこそ、神の子であり、仏の子であると言われるのです。これを、『神性《しんせい》』や『仏性《ぶっしょう》』（※）という言葉で称《しょう》します。

したがって、私は、『みなさんのなかに、現在、もし悪なるものや心の曇《くも》りがあったとしても、本当は、みなさんのなかには、神の子、仏の子としての自覚があるのだから、それが目覚めたときには、自分で自分自身を救う力が出るのだ』ということをお教えしたいのです。そして、『その自覚を促《うなが》すことが私の仕事でもあるのだ』と述べたいと思います」（『真実への目覚め』）

「自分も神の子なんだ」「自分も仏から愛されているんだ」と知った子供たちは、みるみるうちに笑顔を取り戻し、本当の自信を持つようになります。

「努力」によって道は開ける

また、ネバー・マインドでは、「学業支援」の一環《いっかん》として、勉強をとおして努力の大切さを教え、子供の成長を促していきます。

※人間に宿っている「仏の子としての性質」「悟りを開く性質」のこと。仏性があるということは、人間は仏の子であり、仏を目指す性質を持っているということ。

「あなたは、ありのままで素晴らしいんだよ」と言って、ただ子供たちの自由にさせているだけでは、ややもすると、子供たちは努力を必要としない楽なほうへと流れてしまいがちです。不登校になった子供に対して、マンガやゲームを「思い切りやっていいよ」と言い、その子のエネルギーが回復するまで待つという姿勢は、一時的に必要な場合もあるかもしれませんが、それを習慣化させてはいけません。ずっと子供たちの好きなようにやらせるのではなく、どうすれば子供が立ち上がれるかというところに、親として、あるいは教育者として責任を持つことが大切です。本当に子供たちの将来のためを考えるならば、やはり、努力して、自分で道を開いていく力をつけさせなければいけないのではないでしょうか。

大川隆法総裁は、努力の大切さについて、次のように教えてくださっています。

「学生時代の子供たちに、どうしても教えてほしいことは、『勤勉』ということの大事さです。勤勉という言葉は古い言葉になるかとは思いますが、『勤勉に努力する者は、やはり人から認められる』『勤勉に努力する者には、必ず道が開ける』ということを、しっかりと教えてほしいのです。（中略）

『原因があり、努力を介在《かいざい》させたら、結果が出てくる』という縁起《えんぎ》の理法《りほう》が非常に明確に表れてくるのが、学生時代なのです。

したがって、学校教育においては、子供たちに、勤勉を中心とした努力の大切さを自分自身で確認させるとともに、『努力をしたら、努力しただけの成果があがってくる』ということを、きちんと自覚させることが非常に大事だと思います」（『教育の法』）

「小さな成功体験」の積み重ねで自信を取り戻そう

実際、努力して「勉強で分からなかったところが理解できるようになった」などの小さな成功体験を積み重ねていくと、子供たちは元気になっていきます。

コツコツと学ぶ過程で、過去の自分、昨日の自分よりも、今日の自分のほうが進歩したということを実感し、成長の喜びや、「自分もやればできるんだ」という体験をとおして、自信を取り戻していくことができます。

子供たちには、ほかの子との比較《ひかく》ではなく、以前の自分に比べて進歩したということを実感してもらいたいと考えています。そして、「自分もやればできるんだ」「自分も変われるんだ」と実感してもらいたいのです。

不登校になった子供たちの能力は、「勉強をやらせるのがかわいそう」と思うほど、低いものではありませんし、私たちは、お子さんの勉強がどんなに遅《おく》れていても全然気にしません。人にはそれぞれ違《ちが》いがあるのは当然ですから、学校教育で一律に教えているだけでは全員が同じように理解できるとは限りません。ネバー・マインドでは、お子さん一人ひとりに合った勉強のスタイルを提案し、つまずいたところまでさかのぼって、分かるようになるまでやります。

学力は伸《の》びる時には必ず伸びるものなので、「この子はもうダメだ」とか、「この子は勉強ができない」などと落胆《らくたん》する必要はありません。将来に対する心配もまったく要《い》りません。ただ、学齢期《がくれいき》に勉強しなければ、将来、お子さんが誰《だれ》よりも苦しむことになるので、ネバー・マインドの講師陣《こうしじん》がお手伝いしたいと思っています（希望者には受験対策も行っています）。

また、子供の昼夜逆転生活や、ゴミをためる、食べ散らかすなどの行為を改めるために、体力増強プログラムや三泊《さんぱく》四日の宿泊型の修行《しゅぎょう》なども実施《じっし》しています。「宿泊修行（※）」では、早寝《はやね》早起《はやお》きの規則正しい生活を送り、さまざまな世代の子供たちと一緒《いっしょ》に過ごすことで、集団生活のルールや人を思いやる心を身につけることができ、再登校への不安を取り除いていくことができます。

「気にしなくても大丈夫《だいじょうぶ》！」

スクール名のネバー・マインドという言葉に込《こ》められている意味の一つ目は、「学校へ行けなくてもネバー・マインド」ということです。

不登校になると、「人生もう終わりだ」とか、「この子の人生は、お先真っ暗なんだ」と、本人もご両親も考えてしまいがちです。

確かに、世の中の多くの子供は学校に行くのが当たり前だと考えています。ただ、行かないからといって、その子の人生が終わりだと思ってはいけません。集団教育に合わない子もいるので、そういう子に対して、学校に行くことを目的にしてしまって、頭ごなしに「学校に行きなさい！」と言うだけでは、潰《つぶ》れてしまうことがあ

※ネバー・マインドのある幸福の科学の研修施設・戸越精舎《とごししょうじゃ》などで寝泊まりしながら、学業修行や信仰教育のカリキュラムに取り組むこと。遠方のお子さんや生活改善が必要な場合も受け入れている。

ります。ですから、まず、学校に行けなくても、集団教育に合わなくても、「ネバー・マインド、気にしなくても大丈夫だよ」と伝えてあげてください。

次に、お子さんがちょっとずつ自信を取り戻してきたら、「自分自身の過去にネバー・マインド」です。

どういうことかというと、不登校の子供たちは、「自分には、不登校をするような暗いところがあるから、友達や周りの人とうまくいかなくなったら引きこもっちゃうタイプなんだ」などというネガティブな気持ちをずっと引きずってしまうことがあります。しかし、それもネバー・マインドです。ポジティブな方向に心を切り替《か》え、前を向いて生きていきましょう。

「そういう経験から、何かを得て立ち直ってほしい、立ち上がってほしい」と神様は願われているので、自分の弱々しいところや、くじけそうな心を、「ネバー・マインド」という言葉で励《はげ》まし、立ち上がってほしいと考えています。

2　大人も子供と共に成長する

みんな、「どうしたらいいか分からない」ところから出発する

ネバー・マインドでは、はじめて訪れる保護者の方とは、まず面談をします。その時、お母さんたちは、学校でお子さんの身に起こったことについて、うまくいかなかったことやトラブルの内容、先生や友達との関係などをお話しされます。なかには、いじめの話をされる方もいらっしゃいます。

次に、お子さんが学校に行けなくなったあとの生活について話されますが、昼夜が逆転し、ゲームやインターネットなどに没頭《ぼっとう》してしまっているパターンがほとんどです。

さらに、病院で受けた診断《しんだん》のことを話されます。「起立性調節障害《きりつせいちょうせつ》」と言われたり、「発達障害」や「アスペルガー症候群《しょうこうぐん》」などの可能性があると言われたりして、

不安になったことや、カウンセリングに行ってアドバイスされた内容などを教えてくれます。

そして、多くの方に共通する悩みは、学校に戻れるよう、いろいろと手を尽《つ》くしてみたけれどうまくいかず、子供はますます外に出たがらなくなり、人とも会いたがらないし、勉強もしないので、結局、「どうしたらいいか分からない」ということです。

こうしたお話を伺《うかが》ったあと、実際にお子さんに会ってみると、目を合わせず、言葉も少なく、話しかけてもほとんど反応しない場合が多いのです。確かに、これはそっとしておく以外に打つ手がないのかなと思ってしまいます。

フリースクールなどの不登校児支援事業の進学率は、たいていが二割から五割程度と言われていますが、八年前にスタートした頃《ころ》のネバー・マインドも同じような数値でした。当初は、デリケートな子供たちに配慮《はいりょ》し、まずは続けて通ってもらえるかというところに、日々、心を砕《くだ》いていました。触《ふ》れると壊れてしまいそうな子供たちを前にして、「やっとネバー・マインドまで来てくれるようになったのに、こちらの発する不用意な一言で、また殻《から》に閉じこもってしまったらどうしよう……」ということを気にしていました。

再登校を積極的に勧《すす》めるというよりも、居場所を提供して、義務教育期間をネバー・マインドで過ごしてもらい、その後はサポート校や通信制・単位制高校への進学を勧めるというのが「普通《ふつう》」だったのです。

子供を育てながら、子供に育てられる私たち

そんななか、第1章で最初に紹介《しょうかい》する西巻寛《にしまきひろし》くん（当時小学六年生）が現れました。今から思えば、彼はネバー・マインドにとって、「運命の子」でした。不登校による昼夜逆転やゲーム依存《いぞん》を克服《こくふく》し、一日に何時間も勉強するようになったのです。

それまでの私たちは、お母さんが面談でおっしゃる内容に沿って、子供たちを支援しようとしていました。お母さんの訴《うった》えの背後には、医師の診断や、専門家の所見があります。そうした見方に合わせてやっていくのが、よい支援なのだと考えて

いたのです。しかし、寛くんは、ゲームをやめて勉強をしっかりやったところ、三カ月ほどで再登校を果たしたのです。

これには、スタッフもびっくりしました。そして、不登校児に対する見方を反省しました。私たちは、寛くんの出現によって、「不登校児だから特別な扱《あつか》いをしなくてはいけない」という先入観を捨て、学齢相応の刺激《しげき》を積極的に与《あた》え、自助努力する方向に導くことの大切さを学びました。その最大の刺激になるものは、「勉強すること」です。

次に、酒井高志《さかいたかし》くん（当時小学六年生）がやって来ました。高志くんは、寛くんに比べ、長い間、不登校となっていたため、スタート地点においては、本当に初歩的な学習から始めたのですが、グングンと力をつけて寛くんのよきライバルになりました。

寛くんだけでなく高志くんもどんどん変わっていく姿を見て、私たちは「不登校の状態でも、子供は成長のきっかけを求めている」という確信を深めました。

さらに、単に再登校するだけでなく、本人が望めば受験にも対応できるレベルまで勉強を進められるということにも気づかされました。

私たち大人は、子供たちを育てているように見えて、実は、彼らから学ぶところも多く、育てられてもいるのだと感じます。寛くんや高志くんは、私たちにとって、生徒であり先生役でもありました。この二人の出現がネバー・マインドを大きく前進させてくれたのです。

それからしばらくして、第3章に登場する水野由起子《みずのゆきこ》ちゃん（当時小学六年生）という女の子がやって来ました。

「かわいい！」「明るい！」こんなに魅力的《みりょくてき》な子がなんで不登校なのだろうかと不思議に思いましたが、彼女が学校に行けなくなった原因は、同級生だけでなく先生も加担した大規模ないじめだったのです。

由起子ちゃんの登場によって、ネバー・マインドの雰囲気《ふんいき》が変わっていきました。それまで男の子ばかりだったのですが、空気が華《はな》やいで、ちょっとキャピキャピした感じも出てきました。それが功《こう》を奏《そう》したのか、見学に来た女の子たちが一人また一人と通ってくるようになりました。

由起子ちゃんは、新しく来た子を見ては、「かわいい！」「何年生？」などと笑顔で声をかけます。大人の見学者の方からも、「みんな明るいんですね！　本当に不登校なんですか？」と言われる（疑われる？）ことも増えていきました。

皆《みな》さんの幸せと成長をサポートします

本書では、ここで紹介した三人を含《ふく》め、不登校を経験した子供たちの具体的なエピソードをネバー・マインドのスタッフたちの視点から紹介します。彼らは、幼いながらも人生の問題に向き合い、乗り越《こ》えることで、学力だけでなく心も成長していったように見えます。

ほんの数カ月通っただけで、子供たちが「再登校」や「受験合格」を決める奇跡《きせき》の不登校卒業メソッドが、このネバー・マインドには根づいてきています。ただ、再登校することや受験に合格することは、あくまでも目に見える結果です。その奥《おく》に、目には見えない「子供にとっての悟《さと》り（智慧《ちえ》の獲得《かくとく》）」があることを、ぜひ知っていただきたいと思います。

そして、不登校で避《さ》けてとおれないのが親子関係や家庭の問題です。お子さんから「不登校」というサインが出た時は、家族も含めて大きな人生の問題にぶつかった瞬間《しゅんかん》でしょう。この問題から逃《に》げずに、真正面から立ち向かってみてください。きっと家族にとって大切な宝物が得られるはずです。

子供たちの支えは、言うまでもなく、お父さんやお母さんの存在です。どんな状《じょう》況《きょう》にあっても子供を受け入れ、どんな困難も乗り越えられるという、お父さんやお母さんの積極的で忍耐《にんたい》強い気持ちが子供たちを支えていきます。それと同時に、子供を育て、支える過程で、親としてご自身も大きく成長していることに気づかれるでしょう。

そして、いつか同じ悩みを抱《かか》える方に会った時、「大丈夫！（ネバー・マインド）」と、笑顔で声をかけてあげられる人になっていただければ幸いです。

第1章

子供たちは、ある日突然《とつぜん》学校に行けなくなる

1 不登校でいちばん多い原因への処方箋《しょほうせん》

不登校に最も多い理由は、「なんとなく学校に行けなくなった」というものです。子供は自分で自分の気持ちをうまく言葉にできないところがありますし、それとは別に、親に心配をかけたくないから話せないという場合もあります。ですから、この「なんとなく」には、子供たちなりの言葉にできないさまざまな思いが込《こ》められているのでしょう。

では、このうまく言葉で説明できない理由で不登校になる子供には、どういったアドバイスをしてあげればよいのでしょうか。

かつて、「なんとなく学校に行けなくなった」と悩《なや》んでいる小学生の女の子に対して、「ネバー・マインド」設立者の大川隆法《おおかわりゅうほう》総裁は、「**他人《ひと》の目や意見、言葉、意識などを、あまり気にしすぎないようにしましょう。他人の（悪い）思いをパシッと切って、もう少し自分のことに集中する訓練をしなければいけません**」とアドバイスされています（御法話《ごほうわ》「頑張《がんば》れ天使の卵たち」質疑応答）。

人の思いには、よい思いも悪い思いもありますが、悪い思いやネガティブな言葉を受け取りすぎると、だんだん自分が弱い存在に思えてきてしまいます。

まだ成長の途中《とちゅう》で、自分に自信がない年代の子供は、「周りの人が自分のことを悪く見ているのではないか」と不安に思い、必要以上に悩みがちです。そして、自信をなくしてしまうと、周りがどんなに励《はげ》ましても、たった一言の悪口で落ち込んでしまったりします。悪い思いや言葉に敏感《びんかん》すぎると、憂鬱《ゆううつ》な気持ちになり、元気がなくなっていくのです。

大川隆法総裁のアドバイスはさらに続きます。

「常に自分を励ますことが大事です。自分に対して、『私は仏《ほとけ》の子だ。神様の子だ。負けないぞ。明るく生きていくぞ。大丈夫《だいじょうぶ》、今日も元気にやれるぞ！』と、毎日、自分で自分を励まし、力強くしていかなければいけません。

あとは、信仰《しんこう》を持つ仲間と付き合うことで、気持ちを安らがせることです」（前《ぜん》掲《けい》御法話）

周りの人から発される思いや言葉に振《ふ》り回されるのではなく、自分で自分を積極的に励ます。そして、心の通じ合う仲間と一緒《いっしょ》に、今、目の前にある自分にできることを一生懸命《いっしょうけんめい》やる。こうした毎日の積み重ねが、自信となり、強さとなり、心の成長へとつながっていくのです。

ネバー・マインドにも、ある日突然、学校に行けなくなったというお子さんがよくやって来ます。ここで、私たちが出会ったある男の子のエピソードを紹介《しょうかい》します。

不登校克服レポート 1

昼夜逆転生活とゲーム中毒を克服《こくふく》した 西巻寛《にしまきひろし》くん

不登校は突然に!?

小学校六年生の春。それまで、何事もなく学校に通っていた西巻寛《にしまきひろし》くんとご両親に、「その日」が突然やって来ました。

「なんか、学校に行きたくないな……」

寛くんの不登校は、こんなつぶやきから始まりました。お父さんもお母さんも、はじめは、「子供にありがちな、ちょっとした怠《なま》け心《ごころ》だろう」と思い、気にも留めませんでした。

ところが、事態は深刻でした。

その日から突然、寛くんはまったく学校に行けなくなってしまったのです。

ご両親はとても悩みました。

自分たちの子育てが間違《まちが》っていたのだろうか。知らず知らずのうちに、息子に無理をさせていたのだろうか。もしかすると、学校で何かあったのだろうか……。

いろいろな思いが浮かんできます。

登校しようとすると蕁麻疹《じんましん》が……

「いったいなぜ、学校に行けないんだろう?」

担任の先生とも面談を重ねましたが、寛くんは友達関係も良好で、いじめにも遭《あ》っていませんでした。そして、彼自身、先生のことも好きだと言うのです。

ご両親は、最初、寛くんをなんとか学校に行かせようと頑張りました。しかし、お母さんが学校までつき添《そ》って登校しても、校門を目の前にすると、寛くんの体は動かなくなり、蕁麻疹《じんましん》まで出てきてしまいます。

「これ以上、無理強《むりじ》いはできない」

寛くんの様子を見たお母さんは考えました。

そして、解決につながるような原因も分からないまま、寛くんの不登校の日々は続いていったのです。

昼夜逆転でゲームやマンガの中毒に

完全な不登校になって間もなく、寛くんの生活は荒《あ》れていきました。生活サイクルは昼夜逆転し、昼間は遅《おそ》くに起きてゲームをするかマンガを読むばかり。外出すらほとんどしなくなり、体力も落ちていきました。

表情も乏《とぼ》しくなり、さらには、家のなかで暴れたり、家族に乱暴なことをしたりするようになってしまいました。冷蔵庫のなかのものを全部取りだしてぐちゃぐちゃにしてしまったり、夜中に家の外を徘徊《はいかい》したり……。

お父さんも、「あっという間に『壊《こわ》れて』いくわが子の姿に、どうしたらよいのか分からない」と、頭を抱《かか》えていました。

お父さんと交わした約束

寛くんが学校に行けなくなってから二週間目のことです。迷いに迷った末、ご両親はある決断をしました。それは、寛くんが熱中しているゲームを取り上げること。

不登校の子供からゲームを取り上げるのは、それはそれは大変なことです。学校に行かず、ただでさえ、やることのない子供から、「最後の砦《とりで》（やること）」を奪《うば》うのですから。

しかし、わが子のことを思えば思うほど、ご両親の決意は固まっていきました。そして、寛くんとご両親の間で激しい〝バトル〟が起こりました。嫌《いや》がる寛くんをお父さんが説《と》き伏《ふ》せて、西巻家は「ゲーム禁止」となりました。そして、マンガについては、寛くんが昼間にちゃんと勉強した日だけ、読んでもいいことになったのです。

ネバー・マインドの講師たちとの出会い

マンガは読みたい。でも、学校には行けない……。

そこで、寛くんは昼間に勉強するために、お父さんに連れられて、幸福の科学の仏法真理塾《ぶっぽうしんりじゅく》「サクセスNo.1」（※）にやって来ました。そして、サクセスNo.1が運営している不登校児支援《しえん》スクール「ネバー・マインド」の講師たちが、寛くんの勉強を見ることになったのです。

ネバー・マインドに来たばかりの頃《ころ》、寛くんは顔色が真っ白で生気が感じられず、いつもだるそうにしていました。

講師は、そんな寛くんを叱咤激励《しったげきれい》しつつ、丸テーブルに向かい合わせで座り、熱心に勉強の指導に当たりました。

ライバルが出現！

寛くんが勉強をするようになってしばらくすると、もう一人、不登校の男の子がやって来ました。その子は酒井高志《さかいたかし》くんです。

寛くんと高志くんは男の子同士、年齢《ねんれい》も一緒です。お互《たが》い、口にはしなくても

※幸福の科学が運営する信仰教育機関。信仰教育・徳育にウエイトを置きつつ、将来、社会人として活躍するための学力養成にも力を注いでいる。
「仏法真理」とは、仏の心、神の心を説いたものであり、人類に共通する普遍的なルールのこと。

「不登校」という共通点があり、すぐに打ち解けていきました。

ただ、二人とも最初は長い時間じっと座っていることが大変そうでした。寛くんは勉強についていけないわけではないのですが、集中力が十分と持ちません。椅子《いす》の上で体育座りをしてみたり、椅子を後《うし》ろにそらせて今にも落ちそうな座り方をしてみたり、すぐ「横になりたい」と言ったりしていました。

高志くんは勉強を始めた頃、片仮名の書き取りもところどころ不安が残るような状態でしたが、あっという間に六年生までに習う漢字をマスターしてしまいました。

これに驚《おどろ》いたのは寛くんです。最初は、高志くんに比べてずいぶん勉強が進んでいたので平然としていた

けれど、彼の怒濤《どとう》の追い上げに危機感を覚えたようです。こうして、ライバルの存在がお互いの刺激《しげき》になり、学習速度も少しずつ上がっていきました。

同世代の子供たちとコミュニケーションを再開

寛くんにとって、最も効果があったのは幸福の科学の精舎《しょうじゃ》（※）でサクセス№1の勉強合宿に参加したことでした。実は、高志くんも、精舎での合宿がきっかけで、ネバー・マインドにやって来たのです。

夏休みだったこともあり、全国の精舎で複数回開催《かいさい》されていた小中学生向けの合宿に、二人は可能な限り参加しました。

寛くんは、人と話すことが少なくなっていたためか、最初の頃は、自分の話したいことをひとしきり語ったら、急に話が飛んだり、黙《だま》り込んだりしてしまうなど、会話でのコミュニケーションはかなり不自然なものになっていました。

しかし、合宿では、勉強に加えて、同じ信仰を持つ同世代の子供たちとの交流や、精舎にいる幸福の科学の職員との交流などもあります。不登校で内にこもりがちだ

※幸福の科学の研修施設。

った精神状態を外に向かって解き放つ要素がたくさんありました。また、朝夕の祈《いの》りや作務修行《さむしゅぎょう》（※）をとおして、自分の心のなかに眠《ねむ》る光り輝《かがや》く部分（仏性《ぶっしょう》）を見つけだすこともできたようです。

気づけば一日十時間以上、勉強していた!!

二人は着実に成長を遂《と》げていました。その変化は夏休みの後半に現れてきました。最初は十分も集中できなかった二人が、一日平均十時間を超《こ》える勉強を難なくこなしてしまうスーパー小学生になっていたのです！

ここまでくれば、もはや「学校に行っていないこと」など、誰《だれ》も気にしませんでした。だって、学校に行っている時以上に勉強しているのですから。

寛くんは、夏休みが明けて二学期が始まると同時に、再び学校に行くようになりました。お父さんが、「二学期から、ちゃんと学校に行こう」と勧《すす》めると、嫌がることなく自然と登校したのです。寛くんだけでなく、学校の周りの子たちも長い夏休み明けだったので、違和感なく自然とクラスに溶《と》け込《こ》めたようです。

※掃除をとおして心を磨く修行。

今では表情も豊かになり、明るい笑顔を見せてくれます。そして、勉強に部活動に励み、学校生活を思い切りエンジョイしています。

短期間で生活と学習態度を立て直せた理由とは？

大人でも子供でも、「勉強」に対して苦手意識を持っている人は多いのではないでしょうか。しかし、理解できれば勉強は楽しくなるものです。寛くんを取り巻く苦しい日々に、光が射す大きなきっかけになったのは、「勉強すること」でした。また、宗教教育によって自尊心が高まり、「何のために勉強するのか」「自分はどんな未来に向かって歩んでいきたいか」を理解できたことも大きかったのだろうと思います。

寛くんたちが、あり得ないほどの短期間で学習態度と生活態度を立て直す快進撃《かいしんげき》を見せてくれたことは、私たちスタッフの認識を改めるきっかけにもなりました。これを機に、ネバー・マインドは「勉強する不登校児支援スクール」へと大きくイノベーションすることになったのです。

寛くんの
不登校克服ポイント

- お父さんが毅然《きぜん》とした態度で、寛くんに勉強の大切さを伝えた。

- ライバルと切磋琢磨《せっさたくま》することで、勉強の楽しさに目覚めた。

- 出会った人たちと、心を開いてコミュニケーションを取った。

不登校克服レポート２

半年の猛勉強《もうべんきょう》で私立中学に合格した
酒井高志《さかいたかし》くん

頑張り屋で優しい子が断固、登校を拒否《きょひ》

続いて、寛くんのよきライバルとなった、もう一人の〝スーパー小学生〟・高志《たかし》くんのエピソードを紹介します。

酒井《さかい》高志くんは、小学三年生の頃から登校をしぶるようになり、たびたび学校を休むようになりました。特に病気というわけではないのですが、学校に行くと頭が痛くなり、なんだか気分が悪くなってきて、「行きたくないなあ」と思うようになったそうです。そして、とうとう五年生から完全な不登校になってしまいました。

学校の先生も「いじめがあるわけでもないし、高志くんはいい子で頑張っているのに、どうしてだろう」と首を傾《かし》げていました。

家族は、「このままではいけない！」と思って、嫌がる高志くんを引きずるように学校に連れて行ったこともありました。しかし、高志くんはお母さんの車から飛びだして姿を消したり、朝になると箪笥《たんす》や押《お》し入《い》れに隠《かく》れたりして、断固抵抗《ていこう》したのです。

外出もできなくなる

学校に行かなくなると、高志くんは、外でクラスの子に偶然《ぐうぜん》会うのがつらくて、外出もできなくなってしまいました。どうしても外に出る必要がある時はフードを目深《まぶか》にかぶって顔が見えないようにし、言葉もあまり発さなくなっていきました。

「あんなに明るくて優しい子だったのに……。この子の将来はどうなるんだろう。どうしてあげたらいいのか分からない……」

お母さんは、高志くんが不登校になったことで、これまでの子育てについて振り返り、「自分がこの子を十分に見ていなかったのではないか」と心を痛めていました。

「息子さんはやればできますよ」

高志くんが六年生になる頃、お母さんは幸福の科学の支部でサクセス№1の講師と出会いました。そこで、自分の息子が不登校であることや勉強が嫌いで文字を書く練習も嫌がっていることなどを打ち明けたのです。

その時、講師は一言こう言いました。

「大丈夫ですよ、お母さん！　息子さんはやればできますよ」

そして、幸福の科学の精舎で行われるサクセス№1の合宿に高志くんも参加するように勧めたのです。

合宿で「算数はできる！」という自信が持てた

夏休みになり、高志くんはお母さんに誘《さそ》われて、サクセス№1の合宿に参加しました。高志くんは家でも勉強する習慣が身についていなかったので、勉強時間中も課題に手がつかず、講師が声をかけても目も合わせないような状態でした。

さらに、ゲームに熱中していた影響《えいきょう》で、常に、指でリズムを刻むように机の角をたたいており、「心ここにあらず」という感じでした。

国語は、漢字だけでなく片仮名の書き取りにも曖昧《あいまい》なところがあり、本人も苦手意識を持っているようでした。ただ、算数の問題はよく解けていたので、講師がそれを褒《ほ》めると、だんだん目を合わせてくれるようになったのです。

合宿の最終日、勉強を見ていた講師が高志くんに、「合宿が終わったあとも東京で勉強してみない？」と声をかけました。

この誘いをきっかけに、高志くんは残りの夏休みを東京のネバー・マインドで過ごすことになったのです。そして、そこで西巻寛くんと出会います。

週のはじめに新幹線で上京し、寛くんと一緒に勉強するという毎日が始まりました。さらに、精舎で合宿が開かれる週末は、寛くんや講師と一緒に参加し、密度の濃《こ》い時間を過ごしました。

二十四時間寄り添って、生活リズムを改善

勉強では目覚ましい成長を見せたものの、生活習慣の改善は一進一退《いっしんいったい》でした。

高志くんの家は静岡県にあるので、平日は男性の講師と一緒に東京のネバー・マインドに寝泊《ねと》まりして勉強を続けていました。講師は、朝起きてから夜寝るまで、毎日ずっと高志くんに寄り添って過ごしました。

最初の頃、高志くんは夜中に部屋を抜《ぬ》けだしたり、スタッフの目を盗《ぬす》んでインターネットのゲームをやってしまうこともありました。その都度《つど》、講師が小まめに注意するので、だんだん生活のリズムが整ってきたのです。

ただ、週末に帰省《きせい》すると、またリズムが崩《くず》れてしまいます。週が明けても、「今日は休みたい」とか「少し遅れる」など、なかなか上京できない時もありました。

そんな時は、高志くんの乗った新幹線の時間に合わせて、スタッフが途中の駅まで迎《むか》えに行き、お母さんと一緒に連れてくるということもありました。

成長を信じてポジティブな言葉を投げかけよう

この時、周りの大人たちが心がけていたのは、次のようなことです。

「多少の揺《ゆ》り戻《もど》しがあっても心を揺らさず、高志くんの仏性を信じ抜こう」

子供の成長は、単調に、ただ伸《の》びていくばかりではありません。「慣性《かんせい》の法則」とも言いますが、スピードを出している車が急に停止したり方向転換《ほうこうてんかん》したりするのが難しいように、ある一定の期間続けていたことは、なかなかすぐには修正できないものです。これは生活習慣に限らず、心の持ち方（傾向性）についても言えることです。大川隆法総裁は、心の傾向性についても、次のように教えてくださっています。

「**身についてしまった心の傾向性には、慣性の法則が働いているため、急には軌《き》道《どう》修正ができません。しかし、一度ブレーキをかけ、次に方向転換をして、人生の軌道修正に入らなければいけないのです**」（『朝の来ない夜はない』）。

やはり、子供が「よい習慣」や「よい心の傾向性」を身につけられるように、周りの大人が根気強く導いてあげることが大事なのではないでしょうか。何度も繰《く》り返し教えることで、子供は新しい習慣を身につけることができます。順調な時は共に喜び、揺り戻しが起きた時には、それをその子の本質だと思って諦《あきら》めてしまうのではなく、「必ず仏性が輝きだすんだ」と、周りにいる大人が確信を持ち続けることが大切です。

大川隆法総裁は、「**自分の心が変わることによって、そこから発散される善念、善なるエネルギー、光が、実は他人を変えていくのです。感化していきます。他人の心自体を支配して変えることはできませんが、他人に影響を与**《あた》**えること、感化することは可能です**」（『理想国家日本の条件』）と教えられています。

周りの大人から発される「積極的」で「確信に満ちた」目に見えない思いは、言葉や表情に宿り、子供たちを明るい方向へと導いていきます。子供のネガティブな面ばかりに心を振り回されず、それに倍するポジティブな言葉を投げかけることが大事です。

私たちスタッフがそうすることで、高志くんも徐々《じょじょ》に毎週休まずネバー・マインドに通えるようになり、勉強の進歩と合わせて、生活習慣のほうも徐々に立て直すことができました。お母さんが言うには、以前は、お小遣《こづか》いを渡《わた》すとすぐ全額使ってしまったのに、ネバー・マインドに通うようになってから、ちゃんと自分でやりくりするようになったそうです。

私立中学校の受験を志《こころざ》す

そうして自信をつけた高志くんは、自ら私立中学校の受験を志《こころざ》すようになりました。それは、多くの人たちの支えによって変わることができた高志くんの感謝の決意でした。勉強の習慣が身につき、規則正しい生活が送れるようになって、自信を取り戻した高志くんは、次第に、「自分も、周りの人の役に立つような人になりたい。立派な大人になって、支えてくれた人たちに恩返ししたい」という気持ちが、心の奥底《おくそこ》からあふれてくるようになったのです。

「お母さん、僕《ぼく》、頑張るよ」

そう言って、目標を定めて勉強に励む姿に、お母さんは、高志くんが自立し、成長していくのを感じ取りました。

夏休みが始まる段階で小学一年生の基礎《きそ》学習からスタートした高志くんに残された時間はわずかです。それでも、ライバルの寛くんやネバー・マインドで出会った仲間たちと互いに切磋琢磨し、約半年間の受験勉強に励みました。そして見事、志望校に合格したのです！　余談になりますが、彼の受験合格は、サクセスNo.1の生徒たちにも衝撃《しょうげき》的なことでした。このグッドニュースは、「高志の奇跡《きせき》」として、勉強が苦手な後輩《こうはい》たちへの勇気と希望のエピソードとして今も語り継がれています。

卒業式は晴れやかな笑顔で

小学校の卒業式前日、高志くんは久しぶりに登校しました。学校の先生やクラスの子たちもびっくりしたそうですが、高志くんは晴ればれとした顔をしていました。

卒業式に出られるなんて夢にも思っていなかったお母

さんは、立派に卒業証書を受け取る高志くんの姿に、「この子が自信を取り戻せて、本当によかった」と心の底から幸せな気持ちになったと言います。

中学では、クラスメイトの推薦《すいせん》を受けて学級委員長になるなど、リーダーシップを発揮しているようです。

高志くんの
不登校克服ポイント

「自分はできない」と思い込んでいた勉強で褒められ、希望が持てた。

周りの人たちが、「高志くんの仏性は必ず輝きだす」と信じ、根気強く生活習慣の改善に取り組んだ。

感謝の気持ちが芽生《めば》え、「恩返しできるような人になりたい」という努力目標ができた。

2 集団教育につまずいて勉強嫌《べんきょうぎら》いになる子が多い

成長期の子供たちにとって、不登校の期間は、単なる現状維持《げんじょういじ》ではなく同世代からの遅れを意味します。それは、自分が休んでいる間も学校では毎日授業が行われ、同級生たちは勉強を進めているからです。

学校などでは、集団で勉強しているため、たとえ理解できないところがあっても、そのまま授業が進んでしまいます。体調不良などで何日間か学校を休んだだけで、授業についていけなくなることもあるでしょう。また、家で独り勉強しようとしても、なかなか思うようにはいかないものです。ある段階のつまずきを機に、「分からない」ことが積み重なっていき、次第に「勉強すること」自体が嫌になってしまうこともよくあります。

高志くんのように、長期間、不登校になっている子供たちは、学校に行かないことによる学業の遅れに苦しみ、将来への漠然《ばくぜん》とした不安を抱《いだ》き始めます。

ずっと高志くんの勉強を見ていた講師は、彼に会った当初、「俺《おれ》の人生は、もう別に何もいいことなんてないんだ。だから、アルバイトをして食べていくことができればそれでいいんだ」というネガティブな言葉を聞いたそうです。まだ小学生なのに、人生を悲観するには早すぎます。

しかし、そういう将来のビジョンを持った子が、半年後には、「自分はたくさんの人に支えてもらったから、これからは恩返しができるような人生を歩みたい」と言って、自ら進んで努力するようになりました。

この間、彼に何があったかというと、ただひたすら勉強しただけです。

ネバー・マインドの学習指導は、「ほかの子と比べなくても大丈夫だから、自分が理解できるまで、しっかり勉強しよう」という方針です。さらに、高志くんのように意欲のある子供には受験指導も行います。周りが、「お前はこうしなければならない」と強制することはありません。ただ、毎日規則正しい生活を送り、信仰教育と学業修行に集中することで、根本《こんぽん》からものの見方が変わっていくのです。

不登校克服レポート3

苦手なものにもチャレンジする精神をつかんだ　柴《しば》田《た》勇《ゆう》輝《き》くん

次に、高志くんと同じように、学校に行こうとするとなんとなく体調が悪くなってしまっていた柴《しば》田《た》勇《ゆう》輝《き》くんのエピソードを見てみましょう。

「学校に行くと頭がガンガンする……」

柴田勇輝くんは、学校に行くとなぜか頭が痛くなってしまう子でした。登校するたびに、原因不明の頭痛が勇輝くんを襲《おそ》います。そして、小学三年生くらいから次第に学校に行っても保健室にいることが多くなりました。

実は、勇輝くんのお姉さんにもそういう症状《しょうじょう》が出ることがありました。しかし、先生に相談しても、原因が分からないので対処のしようがありません。

「頭がガンガンして耐《た》えられない。もう無理」

中学一年生の時、勇輝くんは学校に行かなくなってしまいました。当初は、勇輝くんのお姉さんも、弟に怒《いか》りをぶつけることがありました。お姉さんはどんなに体調が悪くても、頑張って学校に行き続けていたからです。

「なんで学校行かないのよ！　行きなよ!!」

お姉さんの言葉には重みがありましたが、勇輝くんは激しい頭痛に耐えられません。頭痛の原因が分からないのですから、家族にも「サボっているだけなのではないか」と思われて、強く責められることもあったそうです。

また、勇輝くんのお兄さんは、中高生時代に難病を患《わずら》い、入退院を繰り返していたので、「学校に行きたくても行けない」状態が長く続いていました。そういうお兄さんを見ていたからこそ、家族の間にも、「勇輝は健康なのに、なんで学校を休むんだろう」という気持ちが少なからずあったようです。

学校に行けなくなった〝本当の理由〟

勇輝くんは「理由を言っても、どうせ誰も分かってくれない」と言って、部屋に引きこもり、理解されないことに一人苦しんでいました。

最初は、学校に行かないことを厳しく叱《しか》っていたお母さん。しかし、かたくなに拒否する勇輝くんに、「私は信じるから、学校に行きたくない理由をちゃんと言ってみなさい」と伝えました。そしてついに、勇輝くんは学校に行けない本当の理由を打ち明けたのです。

クラスが荒れていて、人を傷つけるような言葉が飛び交っていること。また、人がいじめられているのを見るのもつらいし、自分一人ではそれを解決することもできず、苦しい思いをしていたこと。そして、理解されないだろうと思ってずっと黙っていた理由に、「学校に行くと〝黒いもの〟が見える」というのがありました。

幸福の科学では、目に見えない霊的《れいてき》な存在として、人を明るく積極的な気持ちにさせてくれる天使などの光り輝く存在もいれば、暗い気持ちにさせたり、暴力的にさせたり、調和を乱すような悪影響を及《およ》ぼす悪霊《あくれい》・悪魔《あくま》といった存在もあると教えられています。そして、若い人や霊的なものに敏感な人のなかには、そうした目に見えない存在を感じ取る場合も稀《まれ》にあるのです。

勇輝くんが通っている学校のように、暴力やいじめ等でクラスが荒れていたりすると、悪霊の影響を受けている可能性が考えられます。そして、そのことが原因で、勇輝くんは頭が痛くなったり、体の調子が悪くなるのではないかと思われました。

「光の仲間」と一緒に過ごそう

お母さんは、勇輝くんが学校に行けない理由を知り、しばらく休むことに同意しました。そして、学校を休む条件として、家で少しでも勉強することを約束したのです。

お母さんは仕事に行っていたので、日中はおばあちゃんが勇輝くんのことを見てくれます。しかし、学校に行かなくなった勇輝くんの生活は乱れていきました。ずっと寝ていたり、マンガを読んだりして、勉強なんてほとんどしません。

そんな日々が続くなか、夏休みの時期になりました。勇輝くんは家族に勧められて、幸福の科学の精舎で行われるサクセス№1の合宿に参加することになり、そこではじめて、勉強に打ち込むたくさんの同世代の仲間に出会ったのです。

大川隆法総裁は『教育の法』という書籍《しょせき》のなかで、いじめや学級崩壊などで荒れた学校での生活に苦しんでいる子供に対して、「**学校が悪霊の支配する場になっていたら、悪霊が嫌がるような子は仲間外れにされたりするので、光の仲間のところに加わって、友達をつくるようにしてください**」と励まされています。「光の仲間」というのは、同じ信仰を持って真理を学んでいる人たちのことですが、そうした人（法友《ほうゆう》）との出会いはかけがえのないものです。

お母さんから、合宿修行で仲良くなった酒井高志くんがネバー・マインドに通っていると聞いた勇輝くんは、「友達も行っているなら、俺も行こうかな」と言って、通い始めることになりました。

ネバー・マインドは「とにかく楽しい！」

通常の学校生活を送らなくなった子供たちは、通学や体育の授業もない上、たいていの場合、食生活もいい加減になるので、次第に体力が落ちていきます。そして、体力の低下は健康を損なうだけでなく、実は、意欲や集中力の低下にもつながります。ですから、ネバー・マインドでは、コンピューターゲームではなく有酸素運動やアウトドアでの遊びなどをとおして、楽しみながら体力増強を図《はか》るプログラムを行っています。

もちろん勉強もやりますが、みんなが楽しく仲良く生活していることが、勇輝くんは何よりうれしかったそうです。ここでは、人を悪く言う子もいないし、みんながお互いを思いやったり、助け合ったりしているのが「当たり前」だったのです。気持ちが悪くなったり、頭痛が起きたりするようなこともありません。

みんなでおしゃべりをしたり、近くの児童館に行って体を動かして遊んだりするのも楽しく、勇輝くんの心は満たされていきました。

勇輝くんは泊りがけでネバー・マインドに通っていた

ので、夜はみんなで近くの銭湯《せんとう》に行き、教室のあるフロアに布団《ふとん》をならべて寝ました。家にいた時は、一日中ゲームをしているような生活だったのが、スタッフたちの指導を受けて早寝早起きの規則正しい毎日を送るようになり、生活にメリハリがついていきました。

ネバー・マインドでの生活を振り返って勇輝くんは言います。

「思い出はいっぱいあるけど、『楽しい』の一言に尽《つ》きるかもしれない。勉強は大変だったけど、やっぱり楽しかった」

「大嫌いなもの」に立ち向かう

学校に行っている時、勇輝くんは勉強が嫌いでした。三年生ぐらいから休みがちになっていたので、授業を聞いても抜けている部分があり、理解できなかったからです。分からない言葉を延々と聞かされるというのは大人であっても苦しいものです。ネバー・マインドでは、勇輝くんが分からないところまでさかのぼって基礎から学力を固め直していきました。

勉強は、最初はとても難しく感じますが、努力を続けていくうちに理解できることが増え、だんだんペースも上がっていきます。

そして、勇輝くんは高志くんと同じ中学を受験し、見事合格！　不登校のまま私立受験をすることなど、いろいろと不安もありましたが、家族みんなが協力し、勇輝くんを応援してくれていたのです。

勇輝くんは、「俺なんかが、信じられない……」という驚きと、「夢がかなった！」という喜びや安心感で、胸がいっぱいになったと言います。

久しぶりの学校生活

翌春、新しい学校に通うことになった勇輝くん。久しぶりに学校に通うことに対して、不安もよぎりました。しかし、「ネバー・マインドでの生活も普通《ふつう》に楽しく過ごせていたし、新しい学校でも同じように、普通に行けば大丈夫だ」と思い、入学式に臨みました。

勉強はやっぱりまだちょっと苦手だという勇輝くん。でも、ネバー・マインドで学んだのは、「苦手な勉強から逃《に》げるのではなく、勉強に立ち向かう」という姿勢です。今は、つきっきりで教えてくれる講師はいませんが、友達と競争したりして、自分のやる気を上げられるように工夫し、勉強に取り組んでいるそうです。

そんな勇輝くんは、「なんでもまずやってみることが大切」だと言います。始める前は「苦しいから嫌だ」と思ったりするけど、「なんで始めてもいないのに分かるんだよ。まだ分かんないだろ」と言って、自分で自分に発破《はっぱ》をかけるのだそうです。そして、「やってやろうじゃないか!」と言ってチャレンジする。その繰り返しで、苦手なことを一つひとつ克服しているというのです。

不登校の時は、家にいても全然勉強しなかったけど、今から思えば、もっとちゃんと勉強していればよかったな……。家族にも迷惑《めいわく》をかけてしまったな……と、ちょっと後悔《こうかい》しているという勇輝くん。嫌なことから逃げてばかりいるのではなく、正面から立ち向かっていれば、今ここまで大変じゃなかったかもしれないと、思い直しているようです。

この教訓から、「今やれることは、今しかやれないんだから、それを確実にやっていきたい」という気持ちが芽生えたそうです。

苦手なことや嫌なことに背を向けるのをやめた勇輝くん。このチャレンジ精神と勇気さえあれば、たとえこの先、困難なことにぶつかっても、果敢《かかん》に乗《の》り越《こ》えていくことができるでしょう。

勇輝くんの
不登校克服ポイント

- お母さんが「学校に行けない本当の理由」を信じてくれた。
- お互いを思いやったり、助け合ったりするのが当たり前の仲間に出会えた。
- 苦手なことに立ち向かうチャレンジ精神が身につき、不安がなくなった。

不登校克服レポート4

わずか一週間で再登校を果たした 錦戸《にしきど》恵梨《えり》ちゃん

親と子では、それぞれの言い分が違う

不登校は克服してしまえば「短い期間だった」とか「長い道のりだった」など、いろいろなことが言えますが、渦中《かちゅう》にいる人にしてみれば、「いつ終わるともしれない、出口の見えない苦しい日々」であることに間違いありません。

そんな時、どうか一人で悩みを抱え込まずに相談していただきたいのです。なぜなら、お子さんの不登校の原因は、親御《おやご》さんの想像とはまったく別のところにあるケースも少なくないからです。なかには、家族が大好きだからこそ本当のことは言えないというお子さんもいます。

私たちは、はじめて来られる家族の方には必ず面談の機会を設け、お子さん本人

と親御さんのそれぞれに詳《くわ》しく話を伺《うかが》います。親子で言うことが違う場合もありますし、特に、お子さんが親の前では話をしないケースが多いからです。

本章の最後の体験談は、ネバー・マインドを最短の一週間で卒業した女の子の話です。

思春期の子は、親に言えない気持ちがある

小学六年生の秋は、修学旅行があったり、卒業式に向かってクラスがまとまってくる時期ですが、同時に、受験のストレスを感じたり、思春期に入ったりと、子供たちを取り巻く環境《かんきょう》は複雑になっていきます。

そんな六年生の秋に錦戸恵梨《にしきどえり》ちゃんは、「来週には学校へ行く」というご両親との約束で、ネバー・マインドで一週間の宿泊修行をするためにやって来ました。

彼女は少し前から「学校に行きたくない」と言い始め、さらには「修学旅行なんて絶対に行きたくない！」と言ったそうです。しかし、お母さんは、せっかくの修学旅行に娘《むすめ》が行けないのはかわいそうだし、あと少しで卒業という時期にもかかわ

らず、これを機に本格的な不登校になってしまったら……と心配していました。

恵梨ちゃんは小学三年生の時に、愛知県から東京都に引っ越してきました。新しく通い始めた小学校は、同じクラスに不登校児が複数いたり、非常にきつい言葉が飛び交うなどの学級崩壊に陥《おちい》ったこともあって、途中で担任の先生が替《か》わったり、クラス替えを何度も経験したりして、六年生を迎えました。

四人きょうだいの長女ということで、家のお手伝いもするしっかり者の反面、お父さんやお母さんに胸の内を明かすのは苦手だったようです。幼い頃は木登りをして遊ぶような活発な子でしたが、五年生頃から内にこもるようになり、部屋で絵を描《か》いたりマンガを読んだりして過ごすことが多くなりました。

自分とタイプの違う子に悩むお母さん

お父さんが、「恵梨がそんなに嫌なら、無理して行かなくてもいいよ」と言い、ネバー・マインドを勧めてくれたので、お母さんは早速、恵梨ちゃんを連れてやって来たのです。

お母さんと面談をしたスタッフは、「一週間お子さんをこちらで預かっている間、少し距離《きょり》が取れますから、静かな時間をつくって、これまでの子育てを振り返ってみましょう」とお話ししました。すると、お母さんは涙《なみだ》を浮かべながら次のように言いました。

「私の育て方がよくなかったんです。長女の恵梨を愛しているのに、いつもきつく当たってしまいます。だからいけないんです……」

お母さんは、恵梨ちゃんが最初のお子さんでしたから、自分の理想どおりの娘に育ってほしくて、いろんなことをやらせてみたそうです。しかし、どうやら自分とはタイプが違っているようで、娘が全然思うとおりにならないという悩みを抱えていました。自分がお腹《なか》を痛めて産み育てたにもかかわらず、あまりにも自分とは性格が違うわが子に戸惑いを隠せません。

恵梨ちゃんはどちらかというと受け身型で、一つのことに集中してじっくりコツコツ物事を進めるタイプです。お母さんは逆に、器用にいろんなことを同時処理していけるタイプなので、少々おっとりしている娘を心配しては、「転ばぬ先の杖《つえ》」

として先々に指示を出し、それができないと叱ってしまうということを繰り返していたそうです。

スタッフが、「お母さん、恵梨ちゃんはいいものをたくさん持っていますよ。それを信じてあげてくださいね」と言うと、お母さんは安心されたように、「一週間お任せします」と言って、家に帰って行かれました。

親の予想とまったく違っていた不登校の理由

一方、恵梨ちゃん本人に話を聞いてみると、どうやらお母さんが考えていた原因とは違ったところが気にかかっていたようです。

「学校の先生が嫌い。だって、悪いことをした子がいても叱らないし、その子たちの味方をするの。修学旅行に行きたくないのは、仲がいい友達とクラスが離れて、つまらない班になってしまったから」

その上、修学旅行の班が一緒になった女の子がしつこくかまってくるらしく、苦痛を感じているということも話してくれました。その反面、「これ以上休んだら、何を言われるか分からないから、嫌だけど学校には行かなきゃ……」という焦《あせ》りも見受けられました。

お母さんについては、「『修学旅行にどうしても行きなさい』って言われて困っている」と感じていたようです。

同世代の友達からの励まし

当時のネバー・マインドには、恵梨ちゃんと同世代の女の子が数名いました。一日目は、周りの子たちとうまくコミュニケーションが取れず、一人黙って勉強していた恵梨ちゃん。お母さんにメールで「家に帰りたい」ともらしていたようです。

しかし、翌日にはみんなと打ち解けて、お母さんにも「楽しい！」と報告していました。女の子たちは、お友達同士で流行《はや》っていることや、ディズニーランドのアトラクションなどについて話したりしながら、あっという間に仲良くなっていきました。

そうして、女の子同士で修学旅行の話になった時のことです。

「つまらない班になってしまったから、絶対に行きたくない」という恵梨ちゃんに、別の女の子が「私は、そうは思わないよ」と言いました。

「つまらない班なんてない。行っておいでよ」

恵梨ちゃんは黙っていましたが、何か思うところがあったようです。

「行ったら、きっと楽しいよ」

修学旅行は、子供たちにとって大きなイベントであり、貴重な思い出になります。恵梨ちゃんのお母さんが心配していたように、参加できないというのは、本当はとても残念なことです。

彼女たちの会話を見ていたスタッフの提案で、翌日の信仰教育の時間に、「友達セミナー」が開かれました。「友達」に対して、みんながどう考えているかディスカッションする時間で、恵梨ちゃんは、自分の学校がいかに嫌なところか、それを親が理解してくれないことなど、不満を爆発《ばくはつ》させました。それはおそらく、心の内に秘めていた彼女の正直な気持ちだったのでしょう。

そして、再び修学旅行の話題が出た時、前日、恵梨ちゃんに修学旅行に行くよう勧めていた子が言いました。

「修学旅行の班がつまらないっていう子もいるけど、本当にそうかな？　誰かがそう決めただけで、私はつまらないとは思わない。私はいじめに遭って学校に行けなくなったけど、もし修学旅行に行けたら、つまらない班だって言われても平気。行ったら、きっと楽しいよ」

同じ年齢のその子は、実はひどいいじめが原因で不登校になり、修学旅行にも行けませんでした。「自分は行けなかったけど、恵梨ちゃんが行けるなら行ってほしい」という気持ちが伝わったのか、恵梨ちゃんのこわばっていた表情がだんだん和《やわ》らいでいきました。

「幸せを生みだせる人」になろう！

その後、恵梨ちゃんは毎日みっちり勉強し、信仰教育の時間にはみんなで法談《ほうだん》（※）をして過ごしました。その日を境に、友達への不満もあまり言わなくなり、

※仏法真理について、仲間と語り合うこと。

ずいぶん落ち着いた雰囲気《ふんいき》が出てきました。

そして、宿泊修行の最終日。すっかりみんなと仲良くなった恵梨ちゃんは、笑顔いっぱいの明るい表情を見せてくれるようになっていました。

ネバー・マインドでの日々は、「こんなに勉強したことない！」というくらい勉強をしましたし、泊まり込みの集団生活も頑張れたという充実感《じゅうじつかん》・達成感もあったと思います。

お母さんが迎えに来てくれるというので、スタッフはその前に恵梨ちゃんと二人きりで話をすることにしました。

彼女は、お母さんに心配をかけてしまったことをしきりに気遣《きづか》っていました。

「お母さんは恵梨ちゃんのことが大好きなんだって。でも、うまく言葉にできなかったんだよ」

そう伝えると、恵梨ちゃんはうれしそうに微笑《ほほえ》んでくれました。それから、「学校は、まだ嫌なところもあるけど行きます。修学旅行も行く」と言いました。

「このまま学校に行かなかったら、『嫌だ』と思っている子に負けたような気がして悔しいな。これからは、何があっても学校に行き続けよう」と、強く決意したそうです。

スタッフは最後に次の言葉を贈《おく》りました。

「恵梨ちゃん、『ここにいれば絶対に幸せになれる』という場所が、どこかにあるんじゃないいんだよ。幸せは自分の心でつくっていけるものだから、恵梨ちゃん自身も、たくさん幸せをつくれる人になってね」

悩み・苦しみを乗り越えたからこそ、思いやりもあり、忍耐力《にんたいりょく》もある人になれる。だからこそ、卒業する子供たちには、たくさんの幸せを生みだせる人になってほしい――。これは、ネバー・マインドを卒業していくみんなに対する、私たちの共通の願いなのです。

子供の本来の長所を見つけよう

夕方、恵梨ちゃんを迎えに来たお母さんはびっくりしていました。恵梨ちゃんがすごくいい笑顔をしていたからです。

そして、「もう、それだけでうれしい」と喜んでいました。

お母さんは、すっきりした様子でこう伝えてくれました。

「数日間、娘と距離を取ってみて冷静になれました。自分は娘に、この子じゃないものを投影《とうえい》して、そのとおりにならないことにイライラして当たっていました。本当の意味で、恵梨そのものを愛せていなかったのかもしれません。これからは、私も勉強して、娘のいいところを積極的に見つけられるようになりたいです」

恵梨ちゃんが本来持っている、成績などの学校で測《はか》られる基準ではない長所を見つけて、見方が変わったようでした。

お母さんには、スタッフから、「恵梨ちゃんは、ご両親に心配をかけたくないと思っています。そうした心遣いから、何も言わないということがあるかもしれません。ですが、小学六年生になった娘さんをもっともっと信じてあげてくださいね。子供には、お母さんが手を貸さなくても自分でなんとかしようとする気持ちや力が育ちつつありますから」と伝えました。

宣言どおり、修学旅行に参加

お母さんと一緒に、元気いっぱいに帰っていった恵梨ちゃん。彼女はこのあと、ご両親との約束どおり、ネバー・マインドに戻ってくることはありませんでした。宣言どおり学校に行き、修学旅行もちゃんと参加しました。

「嫌な班になってしまった」と思っていたのに、実際はとっても楽しく過ごせたそうです。特に嫌だなと感じていた子は、思ったことをはっきりと口に出すタイプの子で、話してみたら、悪意があって恵梨ちゃんに接していたわけではないことも分かったようです。「実は、お母さんと似たタイプだった」と言って、別々の中学に通うようになった今でも、とっても仲のいい友

人になったそうです。

今は、お母さんも「恵梨にどんな未来が待っているんだろう」とワクワクする思いで、彼女の成長を見守っているそうです。

大川隆法総裁は、子育てに関する心構えとして、次のようなことを教えてくださっています。

「子供は独立した人格であるということも知らなくてはなりません。外見上親と似たところはありますが、魂《たましい》は別です。ですから、子供を自分の所有物のように思ってはなりません。子供は、立派な人格者になるかもしれない可能性を持った存在なのです。そして、かならずしも自分の付属物や自由になるものではないのだということを知ってください。（中略）

あまりにも親が子供を自分の所有物のように思うことが、その後のさまざまな問題になっていくこともありますから、こうした原理をしっかりと頭に刻んでおいていただきたいと思います」（『幸福のつかみ方』）

本当の意味で、子供をありのまま受け止め、愛するとはどういうことなのか。

それがどれほど幸せなことなのか――。恵梨ちゃん親子が私たちに教えてくれました。

恵梨ちゃんの
不登校克服ポイント

- 心の中に溜め込んでいた気持ちを打ち明けることができた。

- 同世代の友達に励まされ、嫌なことに対して、「チャレンジしてみよう」と思えた。

- お母さんが、子供を自分の思いどおりにするのではなく、個性を尊重し、愛そうと考えるようになった。

3 子供をそっとしておくのではなく、積極的《せっきょくてき》なコミュニケーションを心がけましょう

わが子が突然学校に行けなくなったら、「なぜそうなったのか」という原因のほうにばかり目を向け、「理由が特定できさえすれば解決できる」と思う方も多いのですが、残念ながら原因究明型の考えだけでは、不登校は解決しにくいと言えます。

不登校の原因はさまざまですが、共通して言えることは、「今、子供たちは自信をなくしている」ということです。

不登校の原因となるような過去のショックな体験を、何度も根掘《ねほ》り葉掘《はほ》り聞かれ、〝傷口〟に触《ふ》られるのは、子供にとって大きな苦痛を伴《ともな》います。それよりも、子供たちが未来に向かって気持ちを羽ばたかせられるように導いてあげることのほうが大切です。

ただ、これは簡単なことではありません。子供たちはなんらかの理由によって自

信を失っているため、〝心の方位磁石《ほういじしゃく》〟の針もマイナスの方向を指したまま動かないような状態です。「一人にしてあげよう。そっとしておこう」と思って放っておくと、子供は自分を打ちのめすような嫌な記憶《きおく》ばかり反芻《はんすう》し、何度も傷ついてしまうのです。さらに、そうした苦しみを紛《まぎ》らわせるために、ゲームやインターネット、マンガなどにふけって生活リズムを狂《くる》わせる場合もあります。

悪い習慣を予防するためには、「子供には無理をさせず、そっとしておく」という対策ではなく、よき習慣や考え方ができるよう、積極的なコミュニケーションを図ることが大事です。朝は決まった時間に起こす。食事を一緒に食べる。できたら一緒に外に出る。また、お母さんが家事をする時に簡単な手伝いをさせるなど、家族が関心を持ち、寄り添って過ごすことが効果的です。

第2章

「○○障害」という
レッテルに惑《まど》わされないで

1 発達障害は「障害」じゃない

読者の方のなかには、病院でお子さんが発達障害（※）や知的障害と診断《しんだん》された方もいらっしゃるでしょう。そうした診断を受けて落《お》ち込《こ》まれている方もいるかもしれません。

しかし、学力が定着しづらかったり、強い個性が他の人との協調を難しくしていたり、能力が偏《かたよ》っていたりするお子さんであっても、「○○障害」の一言で片づけてしまわないでほしいのです。大川隆法《おおかわりゅうほう》総裁は、そうしたお子さんに対する見方として、次のように説かれています。

「ＡＤＨＤ（※）などは、子どもたちを管理する側が、管理が楽になるように言っているだけです。管理するのが楽ではない子を、『問題がある』と言っているのです。医者は、いろいろと分類していますが、人間には多様な個性があるのですから、そういうものをあまり気にしないほうがよいのです。

※発達障害支援法によると、「自閉症、アスペルガー症候群その他の広汎性発達障害、学習障害、注意欠陥多動性障害その他これに類する脳機能の障害であって、その症状が通常低年齢において発現するもの」。

『仏《ほとけ》の子だ』と思って見てあげてください。人間の魂《たましい》には、それぞれ、いろいろな傾向《けいこう》があるため、変わったことをする子も数多くいるのです」（『じょうずな個性の伸《の》ばし方』）

どんな子でも、仲間と共に助け合いながら、宗教的価値観を学んでいく過程で自尊心が芽生《めば》え、副次的《ふくじ》に知力・生活能力も向上していきます。特に信仰《しんこう》教育の効果はてきめんで、神の子、仏の子である自分に気づき、人との比較《ひかく》によらない本当の自信を得ることで、確実に学力が伸びていきます。

例えば、信仰教育の時間に大川隆法総裁の御法話《ごほうわ》ＤＶＤを聴《き》いて内容を書き写していた、ある発達障害の十五歳《さい》の女の子の話です。三本目くらいで〝突然変異《とつぜんへんい》〟が起きました。それまで１＋１＝２ということを理解するのも難しかった子が、「看護師になろう」と思い立ち、勉強し始めたというのです。その後、彼女は優秀《ゆうしゅう》な成績で看護試験をパスしました。

次の節で紹介《しょうかい》するお子さんは、自分の個性をありのまま受け入れてくれる仲間たちに恵《めぐ》まれ、勉強に励《はげ》み、自分の持てる力を発揮して、再登校に成功しました。

※注意欠陥・多動性障害のことで、発達障害のうちの一つ。多動性、不注意、衝動性などの症状を特徴とする。

不登校克服レポート5

長所を伸ばして自信を取り戻《もど》した

橋《は》本《しもと》光《こう》喜《き》くん

勉強はついていけるのに「支援《しえん》学級」へ

橋《は》本《しもと》光《こう》喜《き》くんは学校の勧《すす》めで検査を受け、「発達障害」と診断されたことで、小学一年生の時から特別支援《しえん》学級に入ることになりました。支援学級は、学業よりも生活面の指導がメインになります。少人数なので落ち着いて過ごせる反面、勉強はたいてい本来の学年より低いレベルに合わせることになります。

光喜くんは、集団行動が難しいところも見られましたが、勉強は大変よくできます。お母さんは学校にかけあい、光喜くんに学年相応の学習指導をしてもらえるよう頼《たの》みましたが、カリキュラムや教師の人数の限界もあって、個別対応は難しいということでした。

三年生の春には引っ越《こ》しを経験し、別の学校に通うことになった光喜くん。しかし、そこの支援級でも、より重度の障害があるお子さんに合わせた対応をするため、学習指導についての要望は聞いてもらえませんでした。

学校側との度重なる相談の末、夏休み明けから、普通《ふつう》クラスに通うことになった光喜くん。はじめは本人も張り切っていたし、クラスメイトたちも仲良くしようとしてくれたのですが、時間どおりに物事を準備したりするのが苦手で、集団のなかで光喜くん一人だけが注意されるようなことが増えてきました。

周りには悪気がなくとも、注目されたり、「頑張《がんば》れ」と言われるたびに、本人は戸惑いやプレッシャーを感じてしまうということもあったかもしれません。

次第に、自分が同じ年齢《ねんれい》のほかの子たちと違《ちが》うという認識から、自信をなくし、感情を爆発《ばくはつ》させることもしばしばありました。

「なんで僕《ぼく》ばかりダメって言われるの!? 学校なんか行きたくない!」

十一月の終わり頃《ごろ》から、とうとう学校へ行けなくなってしまいました。

同じ発達障害の〝お兄さん〟に出会って

光喜くんが「ネバー・マインド」にやって来たのは、三年生の十二月です。はじめの頃は、なかなか打ち解けられず、週に一度来るか来ないかという状態でしたが、徐々《じょじょ》に毎週一回のペースで来るようになりました。最初は、みんなから離《はな》れて本を読んだり、お母さんを探して館内を歩き回ったりしていましたが、周りのみんなと接するうちに安心したのか、落ち着きを取り戻していきました。

当時は、光喜くんのほかにも「発達障害」と診断された子がネバー・マインドに通っていました。その子は感性が発達していて人の痛みが分かる子だったので、光喜くんにとっての、いいお兄さんでした。彼は面倒見《めんどうみ》もよくて、光喜くんのお母さんも驚《おどろ》きつつ感心していました。

翌年の二月から、お母さんがつき添《そ》いつつ学校にも復帰した光喜くん。しかし、進級して担任が変わったのを機に、再び不登校になってしまいました。

「発達障害の特徴《とくちょう》」ではなく、「光喜くんの長所」は？

私たちはADHDやLD（※）などは「障害」というよりも、強い個性であることが多いと考えています。そういう個性の強い子は、実は天才性を秘めている場合もあるのです。

大川隆法総裁は、**「個性の強い子供には、自分に対して否定的な判断をしやすい傾向があるので、親が励ましてあげてください。（中略）『自分の好きな道を選び、自分で道を拓《ひら》いていくことは大事であり、そういう人は偉《えら》いのだ』と言ってあげることです。（中略）**

日本の社会には、気をつけないと、強い個性を潰《つぶ》しにかかる面がありますが、強い個性を伸ばして、成功する道を選んでください」（『未来の法』）と、アドバイスしてくださっています。

私たちも光喜くんの個性や魅力《みりょく》、長所はなんだろうと考えながら接していました。

光喜くんは好きな本はしゃがんで何時間でも読むことができました。また、絵を

※学習障害のことで、発達障害のうちの一つ。全般的な知的発達に遅れはないが、聞く、話す、読む、書く、計算するなどのうち、特定のものの習得と使用に著しい困難を示す、さまざまな状態を指すもの。

描《か》くことが大好きで、透明感《とうめいかん》のある色彩豊《ゆた》かな作品を生みだす小さな天才画家だったのです。そこで、ネバー・マインドでは、光喜くんが来ている時は必ず、絵を描《か》く時間を取り、みんなに作品を見せたり、展示したりしていました。

目標を立てることで成長する

さらに、光喜くんがネバー・マインドで過ごす間はボランティアスタッフのSさんがつき添うことになりました。Sさんは、自分の子供も発達障害という診断を受けていました。しかし、中学受験にも成功し、今では寮《りょう》生活をしています。こうした体験を積んだ方なら、きっと光喜くんやお母さんの気持ちを理解した上で、光喜くんの素晴らしさも引きだせるはずだと考えたのです。

光喜くんはSさんと一緒《いっしょ》に話をしたり、個別で勉強をしたり、絵を描いたりして過ごしました。ただ、周りの子たちが一生懸命《いっしょうけんめい》勉強している姿を見るにつけ、何か感じるものがあったようです。

そこで、お母さんとも話し合い、一日一日の小さな目標を設定し、それをクリアして達成感を持たせることで、光喜くんの成長を促《うなが》し、自信をつけてもらおうと考えたのです。例えば、漢字を毎日三ページやるとか、音読を何ページまでやるなどの分かりやすい目標を定めて、一つひとつ実践《じっせん》していきました。

Ｓさんは光喜くんに寄り添いながら、「光喜くんは心の中に『仏性《ぶっしょう》』を持っている、素晴らしい存在なんだよ。将来、人のお役に立てる人なんだよ。そのために、今はいっぱい勉強をしようね」と、繰《く》り返し伝えて励ましました。そうして、光喜くんは勉強を続けていったのです。

「僕、学校へ行きます！」宣言

光喜くんが五年生になる年の春。突然、「僕、一人で

ネバー・マインドに泊《と》まりにくる！」と言いだしました。これまで一人で外泊したことがなく、周りも心配したのですが、彼にとっては今のタイミングがいちばんよいだろうということになりました。

最初は一泊から挑戦《ちょうせん》し、次の週には二泊と、少しずつ日にちを増やしていきました。そして、何度目かの宿泊修行《しゅぎょう》の際、スタッフは光喜くんとこんな話をしました。

「光喜くんは、学校へは行かないの？」

スタッフの問いかけに、光喜くんは言いました。

「僕は行ってもいいんだけどさ。ママと学校がね、大変なんだ」

「そう。でも光喜くんは学校に行きたいんだね？　ママも学校の先生も、きっと喜ぶよ」

次の週のことです。光喜くんのお母さんから電話がかかってきました。

月曜の朝、光喜くんが散歩に出かけたまま、なかなか帰ってこないと思っていたら、校長先生から電話がかかってきたというのです。

「光喜くんが学校に来ているのですが、給食を食べさせてもよいでしょうか？」

お母さんは慌《あわ》てて、「ぜひ、お願いします！」と言ったそうです。

これにはお母さんも学校も私たちもびっくりしましたが、とてもうれしい出来事でした。

そのあと、光喜くんはもう一度、ネバー・マインドの宿泊修行に参加しました。

この日も光喜くんは、よく食べ、よく勉強し、よく遊びました。

そして、次の月曜日。「僕、学校へ行きます！」と宣言して帰り、そのとおりになりました。

今も、光喜くんは元気に毎日休まず学校に通っています。以前は、道で同じ小学生とすれ違うだけで、オドオドして落ち着かなかった光喜くんが、今では堂々と自信にあふれた様子で毎日を過ごしているようです。

学校の先生も、光喜くんの学力に合わせて個別で勉強を見てくれるようになり、地元の「サクセス№１」にも通って勉強に力を入れているそうです。

光喜くんの
不登校克服ポイント

- 「○○障害を持つ子供」という見方ではなく、本当の自分を理解してくれる人に出会えたことで心が落ち着いた。

- 周りの人が、光喜くんの得意な絵を認めてくれ、自信が持てた。

- 宿泊修行で自立心が養われ、学校に行く勇気がわいてきた。

2 大切なのは「レッテル」ではなく「白紙の目」

可能性を信じ、子供の成長を促す

大人にとって扱《あつか》いにくい子供や集団行動に適さないような子供は、「発達障害」のレッテルを貼《は》られがちです。しかし、発達障害の特徴を書いた本などを読むと分かりますが、誰《だれ》もが持っている特徴ばかりです。ですから、専門書を読むとたいていの人が「私も発達障害なのかしら？」と言います。でも、子供が強く反応すると、「やっぱり本に書いてあるとおりだ！」と思われてしまいます。

発達障害にどういう特徴があるのかという知識は持っていてもよいと思いますが、最後は、子供と白紙の状態で向かい合ってください。この子にとって何が必要なのか、どうしてあげたらよいのかは、その子から直《じか》に感じ取っていくしかありません。

強い個性の子がいることは確かですが、そのクセをこちらが理解し、その子に合った指導法を実践できれば学力は伸びます。

「この子は発達障害だから、あまりレベルの高いことはできない」などと、大人が勝手に決めてしまうと、その子はずっと成長できません。しかし、こちらがいつも白紙の目で、「この子は、今、何をしてあげたら伸びるだろうか」と考え、働きかければ、実際に成長していくのです。

エジソン親子に見る「ネバー・マインド」精神

たとえ医師や専門家に「あなたのお子さんは発達障害です」と言われても、絶望することはありません。「発達障害」のように見えても、その後、世の中に大きく貢献《こうけん》するような立派な人物もいるのです。

その最も典型的な例がエジソンです。

エジソンは十九世紀アメリカで活躍《かつやく》した「発明王」です。エジソンは、小学一年生の時に、学校の先生から、「もう学校に来なくてよい」と言われてしまいます。

まだ学校に通い始めて三カ月ほどしか経《た》たないうちに、「お宅の息子さんは学校の勉強についていくことはできない」というようなことを言われ、お母さんもエジソン本人もはじめは落胆《らくたん》したようです。

しかし、エジソンのお母さんは、「息子はそんなに愚《おろ》かなはずはない！」と強く確信していました。そして、「学校が受け入れてくれないというなら、自分の家で勉強させます」といって、エジソンを独学で教育することにしたのです。

エジソンは、おそらく現代の検査を受ければ、「ＡＤＨＤ」と診断されるだろうと思われます。自分の好きなこと、やりたいことに熱中して周りが見えなくなったり、学校の先生の言うことを聞いて指示どおりに行動するということができないようなタイプの子供だったのでしょう。

学校の先生は、その子がよいか悪いかというよりも、授業がやりやすいかやりにくいかで判断しがちです。エジソンは、いわゆる「扱いにくい子」だったのでしょう。しかし、彼のお母さんが、息子の可能性を信じ、彼に合った勉強をさせてあげたことによって、やがて世界一の天才が誕生したのです。

エジソンの事例を現代に当てはめると……

エジソンの例を今の世の中に当てはめて考えたら、どうなるでしょうか。お母さんが一生懸命ランドセルから上履《うわば》きから靴下《くつした》からハンカチから、持ち物に名前を書いてあげて、ようやく小学校へ行かせて、その夏には、「この子はダメです」と言われて帰ってきたら、それはくじけると思います。

でも、そういう時こそ「ネバー・マインド」精神を持っていただきたいのです。ネバー・マインドのもともとの意味として、「集団教育のところでつまずいても、人生すべてにつまずいたわけじゃないんだよ」ということが言えます。

ただ、勉強しなくてもネバー・マインドなのかというと、そこまでは言えません。エジソンは生前、「一パーセントのインスピレーションのためには、九十九パーセントの努力が大事である」というような言葉を遺《のこ》していることでも有名です。「発明」のためのひらめき（インスピレーション）を得るには、その前に努力に努力を重ねなければいけないということです。

エジソンがお母さんの導きのもと、努力して自学自習で学問を修め、その後、大きな功績を遺したように、教育には「魔法《まほう》のように人を変える力」があります。勉強していくことで、人は成長し、その後の人生も変わっていきます。そして、子供の時は特に、勉強を頑張るための時間が与えられているのです。

不登校克服レポート6

「病気を言い訳にしていた自分」に気づいた 神崎《かんざき》ゆりちゃん

友達とのトラブルが原因で不登校ぎみに……

次は、「起立性調節障害《きりつせいちょうせつしょうがい》」と診断された女の子のエピソードを紹介します。この症状《しょうじょう》は、最近、不登校の原因として、特に思春期の子供に多く見られるものです。

神崎《かんざき》ゆりちゃんは、小学三年生の頃に学校の友達同士のトラブルがきっかけで不登校気味になっていました。当時通っていた学校の雰囲気《ふんいき》も嫌《いや》で、しばらくは登下校の際にお母さんが送《おく》り迎《むか》えしていましたが、体も重く感じられ、なかなか改善はされませんでした。

その後、ゆりちゃんは私立中学への入学を志望し、努力の結果、見事、合格しました。お母さんも、ゆりちゃん自身も、この時は次のように考えていたといいます。

「今までは、学校の環境《かんきょう》があまり合わなかったけど、中学校は自分が行きたいと思って行くところだから、きっと毎日元気に過ごせるだろう」

「体が重くて起きられない」「人よりも疲れやすい」という症状

念願の中学に入学したあとも、ゆりちゃんの体調はよくなりませんでした。「朝、起きられない」「疲《つか》れやすい」などの不調が続き、解決策が分からないまま、ほとんど学校に行けないようになってしまったのです。

心配したご両親は、小児科医にゆりちゃんの症状を診てもらうことにしました。専門の医師によると、ゆりちゃんは「起立性調節障害」だと診断されたのです。この障害は、思春期の急激な身体の発育によって、自律神経の働きがアンバランスになった状態というように言われています。また、心理的なところでは、他人に気遣《きづか》いをしてストレスをためやすい傾向があるとも言われ、心身両面からの治療《ちりょう》が必要と言われています。

医師の説明を受けて、ゆりちゃん本人も家族も、「この症状は治療すれば治るんだ」と分かり、心が軽くなりました。

「一日一時間しか活動できない」ところからスタート

学校側に病状を説明して理解してもらい、ゆりちゃんは学校を休んで一カ月間の入院生活を送ることになりました。そこでは血圧を上昇《じょうしょう》させる薬や、夜眠《ねむ》れるようにする薬などを処方され、体力的には以前よりずいぶんと回復してきました。

そして、彼女が中学二年生になる年の春休みに、後《おく》れてしまった学力を取り戻すべく、ネバー・マインドにやって来ました。お父さんが「ネバー・マインドなら体調に合わせて勉強できるのではないか」と勧めてくれたのです。

当初、ゆりちゃんは、「私は一日に一時間しか活動できません」と言っていました。

私たちスタッフも、「起立性調節障害」とはっきり診断された子供を預かるのははじめてのケースだったので、最初は、本人の様子をうかがいつつ、休憩《きゅうけい》を取りながら、宿泊修行に参加してもらいました。

すぐに、「できません、動けません。寝《ね》ていいですか？」と言いだすゆりちゃん。しかし、体はしんどくてもおしゃべりはできます。また、精舎《しょうじゃ》に泊まっている時は、朝七時半くらいに起きられることや、「疲れた」と言っても勉強以外なら取り組めることがあるなど、いろんなことが分かってきました。

心への働きかけが、体の回復にもつながる

ネバー・マインドとして、ゆりちゃんにどのようなアプローチをすれば彼女のためになるのか。私たちスタッフは、彼女の様子を注意深く観察しながら、勉強面のサポートだけでなく、何か心に引っかかっていることはないか、どうしたらゆりちゃんが元気になるかなどを考えるようになりました。

私たちは、大川隆法総裁から、「『病気の約七割は心に関係がある』と言えます。（中略）逆に言えば、心のほうを治療すれば、七割ぐらいの病気は治せる可能性があることになります」（『超《ちょう》・絶対健康法』）と教えられています。

実際、幸福の科学では、医学的に快復しないと言われる病気でも、信仰心が深ま

り、考え方が変わって心の方向転換《ほうこうてんかん》ができると、治ってしまうという奇跡《きせき》の事例が数多くみられるのです。また、「**人体は、ゆっくりとではあるが、『川の流れ』のようにに変化し続け、同じ姿をとどめおくことはできない。心の力が自分の体をつくりかえていくことが可能なのだ。しかもその際、信仰心が強力なパワーとして働き始める**」（『奇跡のガン克服法』）とも言われていますので、ネバー・マインドでの信仰教育が、ゆりちゃんにもきっとよく働くと考えたのです。

得意なものからチャレンジしよう

ゆりちゃんには、「できること」を増やしていき、小さな成功体験から自信をつけていってもらおうと考えました。スタッフ全員、ゆりちゃんの状態のことは承知の上でしたが、それでも、彼女がもっともっと元気になれるようにと願いながら、サポートしました。

まずは、得意なことや好きなことから取り組めるようにしていきました。例えば、彼女の好きな絵を描く時間を設けたり、美術館に行って、芸術作品を鑑賞《かんしょう》する時間を設けたりしました。すると、徐々にではありましたが、苦手意識を持っていた数学でも、自主的に問題集を勉強するなど、積極的に克服しようと努力するようになったのです。

また、ゆりちゃんは、「自分の体はずっとこういう調子なんだ」と信じているふしがありました。ある時、「元気な時が、もう分からない」と弱音を吐《は》いたのです。その時、スタッフが、「本当のゆりちゃんはもっと元気で、モリモリご飯も食べられて、疲れ知らずのはずだよ」と言ったのです。最初は、その言葉を受け入れることができないようでしたが、「今のままだとゆりちゃん自身が不幸だと思う。でも、私たちはゆりちゃんの力を信じているし、絶対によくなると思うから、一緒に考えよう」と言うと、本人も納得したのか、「自分も変わりたい」と言ってくれました。

病気に〝支配〟されてはいけない

それから、本格的に自分の心と体と向き合うことになったゆりちゃん。いったん、学校へ戻ってみることになったのです。学校側も彼女の症状を理解し、協力体制を整えてくれました。しかし、学校に戻ったものの、行ったり行けなかったりの日々が続きました。

学校の協力のもと、ゆりちゃんとSKYPE《スカイプ》（※）を通じて話す機会を何度か設けていただきました。それで分かったのは、学校に行っても友達ができなくて一人ぼっちだということと、授業にもついていくのが難しく、教室にいること自体がつらいという心境に陥《おちい》っているということでした。

夏休みを機に、ゆりちゃんは再びネバー・マインドにやって来ました。彼女が本格的に学校に復帰するにはどうすればいいか、自分たちには何ができるか、みんながそれぞれの立場で考えました。

時には、ゆりちゃんとスタッフがぶつかるような場面もありました。

「どうしても英語をやりたくない」という彼女に、スタッフが「やりたくない時に体がだるくなるのは、病気のせいではないんじゃないの？」と指摘《してき》したことで、彼女は「私のつらさは誰にも分からない！」と言って泣きだしてしまったのです。

※インターネット電話サービスの一種。

感情を爆発させるゆりちゃんを見て、スタッフはここに彼女の心のネックがあるのではないかと思い、「すべてはゆりちゃんの心の中の思いがつくっていくんだよ。病気に支配されてはいけないよ」と説得していきました。

未来に思いを馳《は》せるとワクワクする！

さらに、ゆりちゃんには、この世代特有の悩《なや》みもありました。「何のために今があるのか、よく分からない」ということです。

将来の夢や達成したい目標があれば、その明確な未来に向かって今何をすればよいのか、具体的な行動が見えてきて、努力することができます。しかし、ゆりちゃんのようにそれが見えないと、何のために勉強しなければいけないかが分からず、努力をすることが嫌になってしまいます。そこで、「自分は何のために生き、今、何をすべきなのか」を考えてもらおうと思い、彼女が将来の夢を描けるようにサポートしていきました。

具体的には、まず、「大人になったら、どんなことがしたいか」「自分がワクワクすること、楽しいと感じることは何か」を一緒に話し合いながら考えていきました。

彼女に限らず、子供たちは好きなことや夢の話をすると、だんだん笑顔が出てくるものです。未来のことや好きなことを考えていると、ワクワクしてきて、「今の自分」を少し客観的に見ることもできるようになります。そして、理想の自分と今の自分にギャップがあることにも気づき始めますので、そこから具体的な努力目標が立てられるようになってくるのです。

ゆりちゃんも、未来のことを考え始めると、元気になってきました。これまで、「自分は病気なんだ」という自己イメージでいっぱいだった心の中を、大好きなことやワクワクすることで満たしていき、そうした理想に近づくためには、今何をすればいいのかを考え、将来の夢につながることを一緒に調べたりしていったのです。

しばらくすると、ゆりちゃんは休むことが少なくなりました。本人もそれに気がつき、「好きなことを考えていると、いくらでもやれる!」と言うようになりました。

不安や恐怖《きょうふ》を取り除くのに有効な「信仰教育」

夏休みも後半にさしかかり、ずいぶんと元気を取《と》り戻《もど》したゆりちゃんに、スタッフは、「今の自分は、この先どうすればいいと思う?」と問いかけました。

すると、ゆりちゃんは、「学校に戻ったほうがいいと思う」と言ったのです。しかし、「学校に行く」となったら、またまた心配なことが出てきました。将来の夢ができたから頑張ろうと思うけど、足が動かないという日が続いたのです。

この「不安」や「恐怖《きょうふ》」を取り除くためには、実は信仰がいちばんです。ゆりちゃんの不安を解消し、勇気と自信を取り戻してもらおうと、私たちは、大川隆法総裁が若者向けに書かれた著書『Think Big!』の言葉を一緒に繰り返し読み上げることにしました。そこには、次のようなことが書かれています。

「若いときに闘《たたか》うべき相手は『恐怖』です。

恐怖を感じることは、いろいろあるでしょうが、そのほとんどは、『未知なるものへの恐怖』『未知との遭遇《そうぐう》への恐怖』なのです。(中略)

『恐ろしいことに出合うのではないか』と思うと、恐怖に縛《しば》られて、どうしても動けなくなってしまいます。

しかし、そのときに、やはり勇気が必要なのです。(中略)

恐怖と闘うための最大の武器は、やはり、『信仰』です。信仰によって恐怖と闘ってください。仏神を信じる心、この信仰心でもって恐怖と闘うことです。

『仏と自分が一体であるならば、恐れることなど何もないのだ』『未来は絶対に明るいのだ。必ず未来は開けるのだ』という強い気持ちを持っていただきたいのです。

『自分は仏弟子《ぶつでし》である。自分は仏陀《ぶつだ》を信じており、仏陀が自分と共にあるならば、何を恐れることがあろうか』と、自分を励ましてください。

『自分は仏子《ぶっし》である。仏陀の子である。仏法真理《ぶっぽうしんり》を学んでいる自分であるならば、何を恐れることがあるのか。未来に不幸など来るものか。そんなものには負けないぞ。自分は仏陀と一体であるのだ』と思い、信仰心でもって、その恐怖と闘ってください」

「私は、『病気を治したくない』と思ってた」

そして、ゆりちゃんは、八月にネバー・マインドの精舎合宿に二度参加することにしました。

一つは、聖地・四国正心館《しょうしんかん》（幸福の科学の精舎）で行われたものです。この合宿は、同じサクセスNo.1が母体になっている障害児支援「ユー・アー・エンゼル！（あなたは天使！）」運動（※）との合同形式で行われました。

合宿当日は嵐《あらし》に見舞《みま》われ、ゆりちゃんとお母さんは大変な道のりを越えて参加してくれました。そして、障害があっても笑顔をふりまき、人に優しく接する親子との出会いや、研修での気づきなど、大きな成果を得たようです。

さらに、心を見つめるために精舎での磨《みが》き込《こ》み（作務修行《さむしゅぎょう》）をしている際、ゆりちゃんは大きな気づきを得ました。

「『私は、病気を治したくない』と思っている。それは、嫌なことをサボれなくなるから」

※障害児の不安や悩みの解決に取り組み、ご両親を励まし、勇気づける障害児支援のボランティア運動。

病気を言い訳にして、嫌なことから逃《に》げてきたことに気づいたゆりちゃんは、そんな自分の弱さを乗り越えようと、一歩を踏《ふ》みだす決意を固めたのです。

このあと、ゆりちゃんははじめて、一度も休まずにすべてのプログラムに参加しました。また、合宿が終わる頃には、「次回は、『ユー・アー・エンゼル！』のボランティアスタッフとして合宿に参加したいです」と言ってくれたのです。

ゆりちゃんと一緒に合宿に参加したお母さんも、「よい経験になった」と言ってくださいました。お母さんのなかには、自分のことよりも、子供や家族を優先する方が多いと思います。ゆりちゃんのお母さんも、これまで娘《むすめ》の不登校や病気との格《かく》闘《とう》にずっと心を砕《くだ》いていたため、おそらく、自分の心を深く見つめる余裕《よゆう》もなかったのではないでしょうか。合宿修行でゆっくりと自分の心に向き合う時間を得られたお母さんは、「両親に対する反省と感謝」研修（※）に参加し、ご自身の母親との葛藤を振《ふ》り返り、はじめて感謝の手紙を渡《わた》すことができたそうです。

「学校へ行く意味がよく分かった」

※幸福の科学の精舎で開催されている研修の一つ。これまでの人生を振り返り、両親への感謝を深めたり、葛藤の原因を反省して心の傷を癒す研修。

続いて翌週、ゆりちゃんは千葉正心館で行われた合宿にも参加しました。東京駅から千葉へ向かう電車のなかで、彼女はスタッフに次のように話してくれたのです。

「私、病気のことを忘れてました。それは、目標を持てたからだと思う。夢が描けて、それに向かって、やるべきことを計画していったら、学校へ行く意味もよく分かった。それまでは、ただ、つまらない、分からないばかりで、学校に行っても、なんにもならないと思っていた。でも、今は違う。目標ができると勉強する意味が分かって、忙《いそが》しくて余計なことを考える暇《ひま》がなくなってきた」

その言葉に、スタッフも驚きを隠《かく》せませんでした。彼女は、自分が嫌だと思っていたことを克服していく過程で、大きな大きな気づきを得ていたのです。

さらに、ゆりちゃんは続けました。

「不登校は、最初は『やってみたい』と思ったことを一日中やれて満足するけど、しばらくすると飽《あ》きてくる。それ自体に意味がないことが、だんだん分かってくる。人は、有意義なことに対しては、やる気が出てくるけど、無意味なことは飽きてくるもの。暇だと、病気ばかりにとらわれて、支配されていく気がする。私は不登校をとおして、大切なことを知ることができた。ある意味で、私にとっては大事な時期だったんだと思う」

登校後の姿をイメージし、心配事を解消していく

合宿では、将来の夢や、二学期から自分が元気に登校している姿をイメージしながら、自分のやるべきことを明確にし、計画を立てていきました。学校に行くにあたって、どうしても不安がぬぐえないことは、話し合いながら対策を考えました。

「英語のクラスをランクアップするには、どうすればいいのか」「理科の授業もずっと出ていないから、実験はどうすればいいのか分からない」「お昼休みに一緒にご飯を食べる人がいなかったらどうしよう」など、ほかの人が見たら些細《ささい》なことに映るかもしれませんが、彼女にとっても私たちにとっても、こうした不安は大きなもので、それを取り除いておくというのは、とても重要なことだったのです。

千葉での精舎合宿は、サクセス№1との合同開催だったので、勉強時間もたくさんありました。しかし、ゆりちゃんは一度も休まずに勉強し続け、夜に行われた花

火では、楽しそうに走り回っていたのです。

夢への階段を上り始めたゆりちゃん

頑張っていたゆりちゃんに、幸運が訪れました。それは、美術の勉強のためにアメリカ留学中だったサクセスNo.1の卒業生との出会いです。ゆりちゃんが描いた夢に非常に近い道筋《みちすじ》を歩んでいる先輩《せんぱい》は、いわば彼女の理想の未来像でした。苦手な英語の勉強はどうすればいいのか、デザインの勉強はどうやって進めていけばいいのかなどを質問し、専門的なアドバイスももらえたので、夢へのステップがより明確になっていきました。

そして、二学期――。ゆりちゃんはネバー・マインドを卒業し、今ではほぼ毎日、学校へ行くようになっ

たのです。心配していた友達づき合いについては、文化祭の準備などで教室にいる時間も長くなり、打ち解けられる仲間が見つかりました。また、得意の画力を生かして模擬店《もぎてん》のポスターを作成するなど、長所を生かしてクラスに貢献することもできたそうです。

ゆりちゃんのご両親からは、「まだ、体がしんどいと言うこともあるけれど、以前より断然、明るく元気になった」とうれしい知らせも届きました。今では、自分の夢を実現するための努力だけでなく、お友達の悩み相談に乗ってあげるなど、人間関係でも成長を重ねているようです。

ゆりちゃんの
不登校克服ポイント

- 周囲の人たちがゆりちゃんの症状を理解し、サポートしてくれた。

- 将来の夢を見つけ、理想に向かって努力できるようになった。

- 不安や心配事に対して、一つひとつ具体的な対応策を考え、最後は「信じる力」で恐怖心を克服できた。

3　私たちは人生マラソンの伴走者《ばんそうしゃ》です

医師の診断とはじょうずにつき合いましょう

医師の診断を受けて、「お子さんは〇〇障害です」と言われ、ネバー・マインドを訪れるお母さんには、大きく分けて三つのタイプがあります。

一つ目は、「〇〇障害」「〇〇症」という言葉を重く受け止めて、落ち込んでいる場合。二つ目は、小さい頃からどこかみんなと違うと感じてきたけれど、診断名がついてほっとした、これで対処できるようになった、と言われる場合。そして、三つ目は、診断名を受け入れた上で、この子の特性を周りが理解すべきと考え、学校や行政に働きかけようとする場合です。

一つ目の、落ち込んで相談に来られる方の場合には、「障害は決定的なものではなく、強い個性の表れに過ぎない」こと、「変わっていることは悪ではない。むしろ、強みであり、幸福の種にもなり得るものだ」ということをお伝えします。

また、二つ目の、診断が出てほっとしている方の場合には、「診断が出たからと言って、この子がこのまま成長しないわけではない」こと、「つまずきがあった時でも、『障害のせいでできないのだ』と決めつけず、しっかりと働きかけましょう。お子さんは必ずそれを乗り越えますよ」とお伝えします。

最後に、三つ目の、周りに働きかけようとされるお母さんには、「環境を変えようとする前に、まずは、自分の足場を固めていきましょう」とお伝えします。まずは、自らを省《かえり》みて、できる努力をしていきましょう。それをしないまま、「この子の不登校は学校のせいだ」「社会の仕組みのせいだ」などと思ったり、そういう主《しゅ》旨《し》の発言をしたりしていると、協力者がどんどんいなくなってしまいます。逆に、周りの方の協力に感謝の気持ちを感じていると、新たに助けてくれる人が現れてくるものなのです。

不登校解決の近道とは？

お子さんに発達障害の診断が出たことで、「子供に無理をさせてはいけない」と考える方も多いでしょう。ただ、この考え方は行きすぎると子供の可能性を摘《つ》んでしまう結果となります。

学齢期のお子さんたちが持っている「成長しよう」とする力は、とても強いものです。診断が出たからといって、お子さんから一切の〝刺激《しげき》〟を排除《はいじょ》し、子供に「暇」を与えると、かえって身心のバランスを崩《くず》してしまうケースもあるのです。

刺激を排除した生活というのは、例えば、次のような生活のことです。

・朝は起きないから、自分で起きてくるまでそっとしておく。
・食事は部屋に運んであげる。
・好きなゲームや、インターネットをやりたいだけやらせる。
・子供の実際のレベルからかけ離れた易しすぎる勉強ばかりさせる。

・欲しがるものをすぐに買い与える。
・先回りして準備する。
・わがままを言っても叱《しか》らない。
・将来の夢や未来に関する話題を避《さ》ける。

これらの行動は、一見、親切で子供を思いやっているように見えるかもしれませんが、私たちの実感としては、このような対処によって、本当は不登校にならずにすんだかもしれない子供が不登校になったり、思いのほか不登校が長びいたりしているケースが少なからずあるのです。

例えば、診断された病名から、「この子は朝起きられないんだ」とか、「ちょっとしたことですぐ怒《おこ》るんだ」とか、「勉強は、一日一時間くらいしかできない子だ」などといって、お子さんを連れて来られる方も多いのですが、ネバー・マインドで過ごさせてみると、ほかの子たちと同じように、普通に勉強し、普通に生活し、友達とも楽しく過ごせるケースがほとんどです。

どうか、医師の診断や病名に惑わされず、その子の持っているよさをストレートに認めてあげて、さらに、よいところを引きだそうとしてあげてください。そして、悪いところや他の人に迷惑がかかるようなところは、きちんと注意してあげ、できるだけ少なくしていきましょう。これは、どんなお子さんにも必要な教育です。

苦手なことでも、時間をかけて場数を踏んでいけば、子供たちも慣れてきて、成長していくものなのです。

周りが成長を期待し、積極的に働きかけ、明るい言葉や表情で接すること。そして、子供の明るい未来を信じて疑わないことが大事です。

このように、ネバー・マインドで心がけていることを、ご家庭でも実践されることをお勧めします。家のなかが明るくてポジティブな空気に包まれてくるでしょう。

卒業後も、一緒に人生マラソンを走りましょう!

ネバー・マインドを一度卒業した子は、再登校したあとも、学校がつらくてもすぐに休むのではなく、葛藤しつつ頑張ろうとするのが特徴です。

これまで紹介してきた子供たちも、全員が再登校してすぐ、学校生活に馴染《なじ》めたわけではありません。しかし、周りに心を開いて積極的によい関係を築いていこうと努力したり、勉強や部活で一生懸命に努力していくなかで、徐々に環境に馴染んでいくのです。一度、不登校を経験した子供が再登校することは、やはり勇気の要《い》ることです。その勇気の源は何か——。それは、近くにいなくても、同じように頑張っている友達との絆《きずな》、そして、ネバー・マインドで見つけた仏性に対する自信です。

もちろん、スタッフも、子供たちが卒業したあとも彼ら彼女らの人生マラソンに並走する伴走者《ばんそうしゃ》のような気持ちでフォローしたいと思っています。

「みんなも頑張っているよ！　一人じゃないよ！　大丈夫《だいじょうぶ》、頑張れ頑張れ！」

つらい時は共に考え、楽しい時は共に笑う。そんな当たり前のようでなかなかない環境が、子供たちの心に、なんらかの力を宿せていたら幸せです。

第3章

いじめに遭《あ》った子供たちが笑顔と希望を取り戻《もど》すには

1 善悪の判断基準が分からなくなっている学校

不登校になったお子さんのなかには、いじめが原因で学校に行けなくなったお子さんも多いでしょう。

最近は、インターネット上でのいじめなど、いじめが悪質化・深刻化していますし、学校の先生もいじめから子供を守ってくれないばかりか、いじめる側に迎合《げいごう》したり、いじめを隠蔽《いんぺい》したりすることもあります。

そうした教育現場の状態について、大川隆法《おおかわりゅうほう》総裁は、子供たちに向けた御法話《ごほうわ》「いじめの世界と愛の世界」のなかで次のように述べられています。

「（学校で）善と悪が、はっきりとわからなくなっているんだろう。『何が善で、何が悪か。』ということは、仏様《ほとけ》、神様の世界を知らなければわからないことだ。そういった宗教の考え方が、学校教育から長らく遠ざけられてきたために、子どもたちは、『何が正しくて、何が間違《まちが》っているか。』ということがわからなくなってい

るんだ。

さらには、学校で教えている教師たちも、そういう善悪がわからなくなってきているといってていいだろう」

ですから、子供たちが安心して学校に通えるようになるためには、教育の現場に「正義」を取り戻す必要がありますが、同時に、学校では教わらない善悪の判断基準を子供たちに教えることが大切です。

そのために、「ネバー・マインド」では、幸福の科学で説かれている、「本当の世界は、この世とあの世の両方にまたがった世界であり、人間はあの世からこの世に何度も生まれ変わってきている」「あの世は、大きく分けると天国と地獄《じごく》であり、生きていた時の心の持ち方、生き方に合った世界に行く」という考え方を教えています。つまり、天国に行けるような生き方、努力して多くの人のお役に立てるような生き方です。

また、幸福の科学では、「人間の本質は魂《たましい》であり、その魂を磨《みが》くために、何度もこの世に生まれてきて魂修行《しゅぎょう》をしている」と教わっています。ですから、つらい体験があったとしても、「今、魂が磨かれているのだ」と思って、信仰《しんこう》の力、努力の力で乗《の》り越《こ》えていってほしいと願っています。そして、どの子もみんな、将来、多くの人の役に立てる人間に成長できると信じています。

親御《おやご》さんには、「いじめは悪です。絶対にやってはいけないことだから、いじめられても、自信を失くすことはない。仏の子として自信を持ちなさい」と言って、お子さんを励《はげ》ましてあげてほしいと思います。

ここでは、信仰教育を受けて、いじめによる心の傷を癒《いや》した二人の子供たちを紹《しょう》介《かい》します。

不登校克服レポート７

周りの人の幸せを祈《いの》る気持ちが芽生《めば》えた　山岸和也《やまぎしかずや》くん

いじめ解決後の思わぬ落とし穴

「サクセス№１」に通っていた山岸和也《やまぎしかずや》くんは、小学五年生の時に「いじめ」に遭《あ》い、学校を休みがちになりました。ご両親はすぐさま、学校といじめ問題を扱《あつか》うＮＰＯに相談しました。学校側に、いじめの事実を認めること、誰《だれ》がいじめていたかを明らかにし、謝罪をしてもらうことなどを求めて対決したのです。

最初はなかなか認めなかった学校側も、第三機関が介入したことで、いじめの事実が特定され、謝罪を得ることができました。再び学校にも通えるようになり、無事に卒業式を迎え、和也くんは四月から私立中学に進学し、新たなスタートを切ることになったのです。

「新しい環境《かんきょう》で、また頑張《がんば》ろう!」と考えていた和也くん。しかし、いきいきと過ごしている彼の様子を、快く思わない人たちがいたのです。それは、小学校時代に謝罪させられた親子や、その周囲の人たちでした。転校したとはいえ、狭《せま》い地域社会での不穏《ふおん》な空気はあっという間に広がり、和也くんが通う私立中学校の教師や生徒にまで伝わっていきました。

「和也くんだけ、学校が特別扱いしているんじゃないの?」

「小学校でいじめられたっていうけど、もともとそんなことなかったんじゃない?」

周囲の心ない言葉に、和也くんは再びつらい環境に立たされてしまいました。

再びいじめが始まる

再びいじめが始まり、和也くんは日に日に追いつめられていきました。

「僕《ぼく》は悪いことなんてしていないのに……。どうして僕だけこんな目に遭うんだろう」

頑張っても頑張っても、道が閉ざされていくような気がして、とうとう和也くんは学校に行けなくなってしまいました。

誰にも理解してもらえない絶望感でいっぱいになり、やみくもに走って、気がつくと陸橋《りっきょう》の手すりに足をかけていたことも。車で和也くんを追いかけていたお母さんの目の前で、間一髪《かんいっぱつ》、警察官が和也くんを後《うし》ろから羽交《はが》い締《じ》めにしたので、命は助かりました。しかし、そこから長い長い引きこもり生活が始まったのです。

このままだとダメダメ人間になってしまう……

部屋に閉じこもっていた和也くんは、ひたすら悶々《もんもん》とした日々を送っていました。

(友達だと思っていた子にまで裏切られて……。もう、すべてが終わりだ。生きていても仕方ない)

頑張ろうとしていたのに、自分の何がいけないのか分からない。嫌《いや》な気持ちばかりが次から次へとわきでてきて苦しくて仕方ありません。閉じこもり、部屋にあるものを荒《あ》らしたり、刃物《はもの》で学習机を傷つけたり、一生懸命《いっしょうけんめい》に書き取っていた授業のノートもビリビリに破いてしまいました。

このままだと自分は本当にダメダメ人間になる。この暗闇《くらやみ》から、なんとか這《は》いだしたい——。

そう思った時、和也くんの目に、ある一冊の本が飛《と》び込《こ》んできました。それは、お母さんが信仰していた幸福の科学の小冊子『悪霊から身を守る法』でした。

人の暗い思いに吸い寄せられて取り憑《つ》き、さらなる不幸を起こそうとする悪い霊がいることを知って、和也くんは、そうした目に見えない悪い存在から身を守るための方法を一つずつ実践《じっせん》していきました。

知性を磨くことから始まり、生活の乱れを正し、健康的な生活を送ること、仏法《ぶっぽう》真理《しんり》に触《ふ》れる時間をつくること、謙虚《けんきょ》に反省すること、笑顔と希望の人生を始めること、過去へのとらわれを捨てること、そして、祈りの時間を持つこと。

和也くんは、仏法真理に触れる時間として、大川隆法総裁が説く「愛の原理」「知の原理」「反省の原理」「発展の原理」「心の原理」（※）などの講演DVDを何度も繰《く》り返して拝聴《はいちょう》するようになりました。

そうすることで、だんだん和也くんの心に変化が現れてきました。

※「愛」「知」「反省」「発展」の教えは、幸福の科学の基本教義である、幸福になるための四つの原理（四正道《よんしょうどう》）。

周りの人の存在が、ただただありがたい。そんな感謝の気持ちがわき上がってきたのです。そして、とうとう、和也くんは約二年ぶりに自分の力で部屋から出てきました。

いじめた人たちの幸せを祈る気持ち

和也くんの転機となったのは、お母さんと一緒《いっしょ》に湯布院正心館《ゆふいんしょうしんかん》で受けた「大勝利《だいしょうり》祈願《きがん》」（※）です。

祈願書に祈りの内容を書こうとした時、自分のことではなく、周りの人たちの幸福を心から願うことができたということです。

それまでにも何度か、幸福の科学の支部や精舎で祈願を受けたことがあったのですが、これまで祈願を受ける時はいつも、「この苦しみの日々から、一日も早く脱《だっ》出《しゅつ》できますように。素晴らしい未来が開けますように」という気持ちで祈願に臨んできました。

しかし、今回は違いました。

※幸福の科学では、信仰心を高め、幸福な人生を生きるためのさまざまな祈願がある。「大勝利祈願」は、仏への信仰を持つ者の人生に勝利をもたらすことを祈る祈願。

自分のことをいじめた子たち、その父兄、さらには、学校の先生たちなど、すべての人たちの幸福を願う気持ちがあふれてきたのです。不思議なことに、そんなふうに思えること自体が、自分自身も、とても幸せなことだとしみじみ感じました。

心が愛に満たされると、周りの環境も変わる

祈願を境に、和也くんとお母さんの周りに次々と変化が現れました。これまで口もきいてくれなかった人たちが、進んで話しかけてきてくれるようになったのです。和也くんがいじめに遭っていた時には加害者側についていた人までも、「あの時は、大変でしたね」と言葉をかけてきました。

さらに、中学校の先生からは、「あんないじめに遭ったら、たいていは引きこもってしまうか、不良になるかのどちらかですけど、和也くんはこんなに元気になって、勉強も頑張っているなんて奇跡《きせき》です。どうしてそうなったのか教えてください」と言われました。

和也くんが変わるきっかけとなった小冊子『悪霊から身を守る法』には、次のような内容が書かれています。

「悪霊に憑依《ひょうい》されている人の特徴《とくちょう》は、たいていは暗い表情をして、いつも取り越し苦労、持ち越し苦労で頭を痛めている人たちだと言うことができます。

まず笑うことです。笑顔も顔施《がんせ》といって、仏教では大切な布施《ふせ》の一つとされています。笑顔は会う人の心を明るくし、自分の心も明るくします。努力して明るく笑うことです。その時、仏の光が入ってくるのです。

また取り越し苦労や持ち越し苦労をして幸せになった人など一人もいないのだから、よいことが必ず来ると信じて、希望を持って生きてゆくことです。

そして他人に心を向けて、他人の幸せを祝福する心を、念を持つことです。悪霊

に悩《なや》まされている人というのは、結局のところ、自分のことしか考えていない人たちなのです。努力して他人を祝福することです。その善念は必ずや自分にも返ってくるはずです」

こうした仏法真理を学び、他の人の幸せを願い祝福する心が芽生《めば》えた時、和也くんは、周りを見渡《みわた》せば、たくさんの人がいて、みんながそれぞれのかたちで励ましてくれていたことに気づき、自分を信じ、他の人を信じる気持ちを取り戻していったのです。和也くんを支え続けたお母さんに対しても、「心配をかけてごめんね。ずっとママが支えてくれたね」と、感謝の言葉を伝えてくれたそうです。

今、和也くんは学校に行くようになり、「いろんな人のことを理解できる人間になりたい」と言って、自分の世界を広げる努力をしています。

和也くんの
不登校克服ポイント

- 失意のなかからでも「なんとかして変わりたい」という決意を固めた。

- 仏法真理を学び、その教えを自分のできるところから実践していった。

- 教えを実践するうちに、幸福感がわいてきて、周りの人の幸せを心から願えるようになった。

2 周りとよい関係を築き、子供が学校に戻れる環境づくりを

さまざまな親子と不登校を克服《こくふく》していくなかで、私たちも「本当に心が変われば、周りの人や環境、ものの見方もガラッと変わってしまうんだ」という実感を深めています。専門的な対処法はいろいろあると思いますが、根本的《こんぽん》な解決は、やはり仏法真理に基づいた考え方を実践していくことにあると感じずにはいられません。

保護者の方から、いじめが原因で学校に行けなくなったと相談される時は、「あまり学校ともめていると、子供が戻れなくなりますよ。子供の前で学校の悪口を言っていませんか。あんまり大人が学校の悪口を言っていると、子供も『そんなに恐《おそ》ろしいところには戻れない』って思うんですよ」と言うことがあります。

もちろん、いじめは絶対によくありません。ただ、保護者の方や本人の心の中に、「相手に謝罪させないと絶対に気がすまない！」とか、「学校のことなんて絶対に許

さない！」などという強いこだわりがあると、平行線になるばかりか、事態がより悪くなることもあります。

学校も不完全なところはあるでしょうが、理解してなんらかの助けをしてくれる先生もいるはずですので、そういう先生を見つけて、よい関係を築き、子供が学校に戻れるようにしてあげましょう。

子供は、大人がどういうふうに問題を処理し、どういう人間関係をつくっているのか、何をつぶやいているのかをすべて見聞きしています。そして、ほぼ百パーセントに近い確率で、子供は親の価値観をそのまま受け入れて育っていきます。

親が普段《ふだん》考えていること、判断していること、つぶやいていることは、子供に大きな影響《えいきょう》を与《あた》えるので、親御さん自身の人生観もまた仏法真理に沿って立て直していくことが重要です。

不登校克服レポート8

人を笑顔にする仕事がしたいと夢見る

水野由起子《みずのゆきこ》ちゃん

何年も続くいじめに耐《た》え抜《ぬ》いて……

由起子《ゆきこ》ちゃんは、小学六年生の六月の終わりから不登校になりました。

お母さんと一緒にネバー・マインドの見学に来てくれた時は、こんなに優しくて素直な子が、どうして不登校になったのだろうと不思議に思ったものです。

お母さんの話を聞くと、小学二年生の頃《ころ》から同級生によるいじめを受けていたそうです。最初は、一緒に遊ぼうと誘《さそ》われるのですが、由起子ちゃんが出かけていくと仲間外れにされたり、彼女がいないところで悪口を言われたりするのです。そうしたことが何年も続いていたのですが、由起子ちゃんはずっと「負けるもんか！」と頑張って学校に通っていました。しかし、とうとう本人の口から「もう、学校に行きたくない」という言葉が出たのでした。

お母さんの話では、学校で由起子ちゃんは過呼吸《かこきゅう》を起こして保健室に運ばれたり、落ち込んで「死にたい……」と口走ることもあったそうです。嫌なことがあっても、耐えて耐えて頑張ってきたけれど、もう限界がきていたのでしょう。

お母さんも、事なかれ主義で事態の改善に非協力的な学校や、いじめっ子本人とその保護者らとの度重なる話し合いに、疲《つか》れ切っている様子でした。

苦手な勉強も楽しく取り組む

「勉強も、ちゃんとやり直したい」と希望し、七月から本格的にネバー・マインドに通うことになった由起子ちゃん。「勉強はあまり得意ではない」と言っていましたが、ネバー・マインドは、どんな子に対しても理解できるまで講師がつきっきりで勉強を見るというスタイルなので、それが励みになったそうです。本人も、「みんな勉強をやるのが当たり前」という感じなので、自分でも不思議なことに、「勉強が嫌だ」という気持ちにならず、楽しく取り組めると言ってくれました。

はじめの頃、由起子ちゃんは漢字の読み書きを特に苦手と感じていたので、講師《こうし》陣《じん》はいろんなタイプのテキストを使って、彼女の国語の学力向上を図《はか》ろうとしました。一時期、スタッフの間ではＬＤ（学習障害）やディスレクシア（識字障害）の可能性も考慮《こうりょ》して、つまずきのある子供向けの教材を試しましたが、それは効果的な手段ではありませんでした。

私たちは、「専門的な教材に頼《たよ》れば解決するのではないか」と安易に考えたことを反省しました。そして、改めて、一人ひとりの子供を白紙の目で見ることの大切さと難しさを学んだのです。

由起子ちゃんは、彼女の学習進度に合わせてスタッフが作る漢字カードをとても喜んでくれました。そうした刺激《しげき》が呼び水となって、漢字もどんどん読めるようになり、ほかの科目の勉強にも積極的に取り組むようになっていったのです。

努力と祈りの力による「小さな奇跡」

また、精舎での合宿に参加した時に受けた「『サクセスNo.1』学力増進《ぞうしん》祈願」（※）

※努力を積み重ね、「知《ち》」「仁《じん》」「勇《ゆう》」を兼ね備えた学徳《がくとく》ある英才となることを願う祈願。

もよかったようです。祈願を受けた翌日に、国語のテキストを見ながら、「なんだか今日は漢字がスラスラ読めるの！」と言っていたのが印象的でした。
　幸福の科学の祈願では、多くの方が奇跡を実感していますが、祈りの力について、大川隆法総裁は次のように語られています。
「幸福の科学の会員は瞑想《めいそう》や祈りを行っていると思いますが、『瞑想や祈りには本当に力があるのだ』ということを知っていることは、当会の会員の強みだと思います。（中略）
　たいていの人は、心のなかの『思い』を固定し、グッと握《にぎ》ることができないため、それを現実化できずにいることが多いのです。（中略）
　心の力を正しい方向に使いながら、瞑想や祈りを実践していくことによって、みなさんは、いろいろなことを実現していくことができます。（中略）
　ハリー・ポッターが小さな杖《つえ》を振《ふ》ると、心で思ったことがドーンと実現しますが、実は、あのような杖は必要ではなく、本当に心の力だけで、いろいろなものが実現していくのです。（中略）

したがって、自分の能力を限定したり、劣等感《れっとうかん》に悩んだりすることなく、『思いは実現していくのだ』ということを知ってください」（御法話「創造的人間の秘密」）

由起子ちゃん自身の「信じる心」と「努力精進《しょうじん》の姿勢」が、祈りによる奇跡をもたらしたのだと思います。

いじめっ子に現れた変化

実は、由起子ちゃんがネバー・マインドに通い始めた頃は、男の子しか通っておらず、少し不安なところもあったようです。しかし、由起子ちゃんが来てから徐々《じょじょ》にメンバーも増えて、女の子も何人か通ってくるようになりました。同性のお友達ができてからは、不安も消えて、楽しく過ごせるようになったようです。

小学校では、毎日つらくてよく泣いていたようですが、徐々に本来の明るさを取り戻してくれました。由起子ちゃんに、その理由を尋《たず》ねてみると、「ここ（ネバー・マインド）は学校と違って、みんなが声をかけてくれるし、誰も悪口を言わないし、できないことがあっても誰もバカにしないから、嫌なことが一つもない」と言ってくれました。

あとから入ってきた女の子たちのなかに第1章で紹介した錦戸恵梨《にしきどえり》ちゃんがいました。彼女に修学旅行に参加することを勧《すす》めたのも由起子ちゃんです。迷っている恵梨ちゃんを思いやり、励ましてくれたおかげで、恵梨ちゃんはかけがえのない思い出をつくることができました。

由起子ちゃん自身は修学旅行に行けなかったのですが、実は由起子ちゃんの同級生たちに大きな変化が起きていたのです。

修学旅行先のホテルで、夜、同級生の子たちが集まり、「由起子が学校に来られないことは、大人に任せていても解決できない。だから、自分たちで話し合おう。どうしたら由起子が学校に来られるようになるか考えよう」と相談していたというのです。しかも、それを言いだしたのは、いじめっ子グループのナンバーツーくらいだった子だというのです。

その話し合いのなかに、由起子ちゃんと仲がいい子もいたので、修学旅行から帰ってきたあと、由起子ちゃんにそのことを教えてくれました。由起子ちゃんがその友達の家に行った時、友達のお母さんが、「由起子ちゃんは学校に戻らないの？」と聞いてきました。由起子ちゃんが「うーん……」と答えに迷っていると、その話をしてくれたのです。

「みんなで、『由起子が学校に戻ってこられるように』って話し合ったんだよ。今はもう大丈夫《だいじょうぶ》だから戻っておいで」

その話を聞いて、私たちスタッフも、「こんなところから助けが来るんだ！」と、びっくりしました。

卒業式に見た太陽のような思いやりと笑顔

翌年の三月、由起子ちゃんはネバー・マインドを元気に卒業していきました。同じく卒業する友達に、「困ったことがあったら、遠慮せずに相談しなよ」と声をかける優しさも、彼女の魅力《みりょく》の一つです。

卒業式のあとは、さみしいと言って、スタッフと抱《だ》き合って涙《なみだ》する場面もありました。私たちスタッフにとっても、彼女の太陽のような明るい笑顔と思いやりの言葉は、忘れられない宝物です。

今は、中学校に通いながら、「アイドルになりたい」という夢もできた由起子ちゃん。その魅力あふれる笑顔と人柄《ひとがら》で、多くの人たちに明るい気持ちを届けるスターになってほしいと、私たちも祈っています。

由起子ちゃんの
不登校克服ポイント

- マン・ツー・マンの学習指導で、楽しく勉強に取り組めた。
- 悪口や人をけなすようなことを言わない環境で、安心して友達と過ごせた。
- 由起子ちゃんが前向きになるのに比例して、周りの子供たちにも、よい変化が現れた。

3 子供の「リバウンド力《りょく》」を信じましょう

幸福も不幸も引き寄せる「心の法則」

心の世界には、「同じような心の波長《はちょう》を持った者は同通《どうつう》する」という法則があります。これを、「波長同通の法則」と言います。

最近のいじめは、集団化・凶悪《きょうあく》化していて、放っておくと危険なこともあります。いじめからの「緊急避難《きんきゅうひなん》」として、学校に行かないという選択《せんたく》をすることも、時には必要でしょう。

ただ、それをきっかけに、勉強をしなくなり、勉強が分からなくなり、ますますやる気をなくし、自信をなくす、引きこもる、というマイナスの連鎖《れんさ》が起きないように、どこかで歯止めをかけなくてはなりません。

この時に、流されるままに暗い気持ちを引きずっていると、波長同通の法則に基づいて、もっと不幸な現実を引き寄せてしまいます。

心の法則は、うまく使えば、成功や幸福を引き寄せますが、マイナスに働くと、逆の結果を引き寄せます。人生でうまくいかない場面は数多くあるでしょうが、その時に、自暴自棄《じぼうじき》になって、自分はダメだ、人生はもう終わった、心が折れた、などと言っていると、さらに不幸な現実に襲《おそ》われることにもなりかねません。

ネバー・マインドの二つの意味

これまで見てきたように、「ネバー・マインド」とは、直訳すると、「気にするな、ドンマイ！」という意味です。学校に行けなくなった時、まずは、この第一の意味のネバー・マインドを使ってほしいのです。「気にするな、ドンマイ！」と、スポーツ選手が仲間のミスをフォローするような気持ちです。

そして、ネバー・マインドには、もう一つ、「あなたは大丈夫！　きっと挽回《ばんかい》できる」「過去の自分にとらわれるな！」という、未来に向かう意味もあります。

第一のネバー・マインドで態勢を立て直したあとは、第二のネバー・マインドで、しっかりとリバウンドしていくことが大切です。

いじめは、子供の心に大きな傷跡を残すことでしょう。さらには、周りのお子さんや学校は、なかなかこちらが思うような行動を取ってはくれないでしょう。ただ、それは学校だけの話ではなく、社会に出てもおそらくさまざまなかたちで、そういう壁《かべ》は出てくるものだと思います。

そういう時に、周りを責める気持ちや悔《くや》しい気持ちが出たり、立ち向かう気力さえ失ってしまう場合もあるでしょうが、ここで一つ、意識してほしいことがあります。

それは、心は、線香《せんこう》や割《わ》り箸《ばし》のように、一度折れたら二度と元に戻らないような、そんな柔《やわ》なものではないということです。

「幸福の科学では、『心は、本来、光の珠《たま》のようなものである』と理解しています。すなわち、『神仏の光に満ち満ちた、球体のようなもの』と考えています。

しかし、この世に生きている間に、塵《ちり》や垢《あか》、埃《ほこり》など、さまざまなものが心に付着し、心が曇《くも》っていくことがあります。そこで、そのようになった心を、反省等によ

って磨き、光り輝《かがや》かせることで、元の真ん丸い球体のような心に戻す必要があるわけです。（中略）

『心が折れた』と言う人は、本当は、まだ『心』を発見していないのです。自分の心をまだ発見していないから、『折れた』と言っているわけです。本当の心、すなわち、自らに宿っている強い心を発見できたら、もっともっと強い力が出てくるはずです。（中略）心が強くあれば、あらゆるものは、ねじ曲がっていきます。未来が変わり、自分自身も変わります。心の状態が変われば、自分の肉体も変わり、周りの人も変わります」（『未来の法』）

心は鍛《きた》えればどんどん強くなります。実は、ゴムボールやスーパーボールのように、へこんでも、叩《たた》きつけられても、もっと大きな力でリバウンドする力を秘めているのです。お父さん、お母さんも、普段から意識して、お子さんに「心は折れない。心はスーパーボールのようなものだ。きっとリバウンドできる。人生は、どこからでもやり直せる！」と、常々、語りかけ、励ましてあげてください。

そして、その言葉が力を持つためには、お父さん、お母さん自身も、「努力して心を変えてみよう」と思い、人生観の立て直しを行うことが大切になります。考え方や心構え、物事を見る視点を少し変えるだけで、心は変わり、やがて、周りの人や環境をも変えていく力となります。

どのような心の持ち方、考え方をすれば、人が幸せになれるのか。それをお伝えしているのが、幸福の科学の仏法真理であり、ネバー・マインドでも大事にしている宗教教育なのです。

第4章

親子で
不登校を乗り越《こ》えよう

1 親の価値観は子供の人生と密接に関係している

子供は、基本的に親の価値観で育っているので、親子の関係は、子供の人生に密接に関係しています。

お子さんが不登校になっていると、お母さんのほうもうつ状態になっていくことがあるのですが、なかなか自分から積極的な思いを出せない場合、子供と一緒《いっしょ》に引きこもらないで、お母さんだけでも「ネバー・マインド」に来てみてください。

ネバー・マインドは、お子さんだけでなく、お母さんも元気になってほしいと思っていますので、大歓迎《だいかんげい》です。少しうつっぽくなっていても、ネバー・マインドに来てたくさんおしゃべりしたら元気になって帰っていくお母さんもいます。そうして、お母さんが元気になると、子供も外出できるようになったりするのです。

また、子供との関係がぎくしゃくし、その溝《みぞ》が埋《う》められないままでいる場合、早めに関係の改善を試みられることをお勧《すす》めします。親子関係がうまくいっていないと、子供の心に、人を信じる力や大人に対する信頼感《しんらいかん》が形成されないことがあり、問題にぶつかった時、被害者意識《ひがいしゃいしき》が強くなったり、人間不信に陥《おちい》ったりするなどの悪い影響《えいきょう》がでてしまうのです。

ですから、もし、お子さんとの関係がうまくいっていない時は、ゆっくりとご自身とご自身の両親との関係を振《ふ》り返ってみたり、お子さんの長所を積極的に見つける努力をしてみたりしてください。きっと何か新しい発見があると思います。

お子さんがどんな状態であっても、あなたにとって、代えのきかない特別な存在であることに変わりはないと思います。また、お子さんにとっても、お母さんやお父さんは特別な存在です。どうか、大事なお子さんを愛して受け入れてあげてください。

この章では、不登校を親の立場と子供の立場から見てみたいと思います。お子さんが不登校になったお母さんのインタビューと、小学五年生の時に不登校になった男性のインタビューを紹介《しょうかい》しましょう。

インタビュー①

「二人の子供の不登校から『宝物』を見つけた」

佐々木範子《ささきのりこ》さん（四十代）

姉弟がそろって不登校に

二〇一二年、中学一年生の娘《むすめ》・美江《みえ》と、小学五年生の息子・大地《だいち》が、姉弟そろって不登校になりました。気の強い美江は中学校でいじめを受けたことが原因で、引っ込み思案《じあん》の大地はクラスメイトともめごとを起こしたことがきっかけでした。

仕事が終わって夜遅《おそ》く家に帰ると、朝から晩まで家にいたパジャマ姿の子供たちに出迎《でむか》えられます。その姿を見ると、「子育てに失敗してしまったかな」「今まで手《て》抜《ぬ》きをしたツケかしら」と思ったものです。

一緒に暮らしている祖母は、心配して「なんで学校へ行かないのか」「将来どうするのか」と、孫たちに言葉を荒《あら》らげることもありました。

「この先ずっと、この子たちが引きこもったままだったらどうしよう」という恐《きょう》怖《ふ》が、抑《おさ》えても抑えてもわいてきました。

母親として子供にしてあげられることは何か？

一方で、私は幸福の科学に入信しており、「人間には仏性《ぶっしょう》がある。子供の魂《たましい》も、もとは健全な大人の魂である」と教わっていましたから、心のどこかで「大丈夫《だいじょうぶ》だ」と確信してもいました。

私のなかにはいつも、「もしかしたら、このまま引きこもりになって、一生家にいるかもしれない」という恐怖と、「いや、絶対に大丈夫だ」という確信の二つの思いが、常にせめぎ合っている感じでした。幸福の科学では、「人の心は磁石のようなものだ」と教えていただいていますが、子供たちは特に、親の心に敏感《びんかん》です。親が「最悪な未来」を想像したり、少しでもネガティブな言葉を口にしたりすると、〝効果てきめん〟で、ガックリ落ち込んでしまうようでした。

子供たち自身も、「自分のせいで家族を苦しめている……」「このままずっと、学校に行けなかったらどうしよう」と思って苦しんでいるので、私のちょっとした言葉が強く影響してしまいます。だから、母親としては、「人生はどこからでもやり直せるから大丈夫だよ」と、励《はげ》ましの言葉をかけ続けていました。

もちろん、落ち込んでいる時にそういう言葉は耳に入らないでしょうが、それでも、「もしも学校へ一日も行けなくても、高認《こうにん》（高等学校卒業程度認定試験）を取れば大学へ行けるし、資格だって勉強したら取れるし、未来は絶対に明るいから」と、明るい言葉を出し続けて、家のなかが暗くならないようにするのです。

私が「大丈夫だ」と思って話していると、子供たちのほうも元気になってきます。これは、私にとっては、「『この子はもうダメだ』という気持ちに、絶対に負けない」という戦いでした。

もしも、私が信仰心《しんこうしん》を持っておらず、仏法真理《ぶっぽうしんり》を知らなかったら、落ち込んで、自分や子供を激しく責めて、何かのせいにせずにはいられなかったと思います。

美江は不登校になる前、クラスメイトに対する不満を言ったりすることもあったのですが、「サクセスNo.1」に通い、同じ信仰を持つ友達との絆《きずな》が救いになったようで、本来の素直さを取り戻《もど》していきました。二〇一四年の春から高校生になり、元気に登校しています。

「気にしなくていいんだよ」という魔法《まほう》の言葉

大地は、引きこもるようになってから、ずっとゲームばかりしていましたが、父親に、「心が重い……」ともらすことがありました。嫌《いや》な学校へは行かず、毎日、好きなことだけをしているはずなのに、心がまったく晴れないのです。

不登校になって九カ月が経《た》った頃《ころ》、ネバー・マインドに通うことを勧めました。はじめはなかなか周りの子と打ち解けることができずにいましたが、宿泊修行《しゅくはくしゅぎょう》に参加してからは友達との絆が深まり、楽しくなったようでした。

不登校になった時に担任だった先生は、もめごとが起きた際、生徒同士で話し合いをさせましたが、クラスはまとまらない上に、善悪の判断基準に筋《すじ》がとおっておらず、「正義」がとおらなくなっていました。大川隆法《おおかわりゅうほう》総裁は、こうした善悪の判断ができない教育現場に対して、次のようにおっしゃっています。

「『民主的に話し合って解決しなさい』と言うのは、逃《に》げなのです。『何が正しく

て、何が間違《まちが》っているか』という価値判断が働いていないから、そういうことをきちんと言えないのです。

教師のほうは、そういう倫理《りんり》観、正義観、善悪の考えが弱いため、『民主的に話し合いなさい』『みんなで決めなさい』『私は見ていないのだから』などと言って、逃げ始めるわけです。

これでは、どうしようもありません。数において、いじめグループのほうが多くなったら、もうどうにもならないのです。

そういうことがありうるので、やはり、善悪のけじめをきちんとつけなければ駄《だ》目《め》です。そのもとになる価値基準を持たなくては駄目なのです」(『教育の法』)

一方、ネバー・マインドは、「自分が間違ったことをすると叱《しか》られるけれど、頑《がん》張《ば》った時や、いいことをした時は必ず褒《ほ》めてもらえる」というシンプルで誠実な教育だったので、子供としても安心感があったようです。

担当講師は、社会人一年目の若い男性でした。ものすごく一生懸命《いっしょうけんめい》に取り組んでくださって、その熱意に大地はいつも元気をもらっていたのです。息子に対し、まるで部活の先輩《せんぱい》のようにフランクに接してくれて、「お前は俺《おれ》の誇《ほこ》りだ。だから、頑張ろうな!!」というようなメールを送ってくれ、そのメールに、母親の私が涙《なみだ》してしまうこともありました。

また、私のほうには、「今日はこんなことをしました」とか「今日はお友達と喧《けん》嘩《か》をしてしまったようです。元気がなかったみたいです」など、毎日のように、大地の様子をメールで知らせてくれました。

さらに、ネバー・マインドにいない間も、家でどうしているか、次にちゃんと来れそうかなど、いつも気にかけてくれたのです。

息子が自信を取り戻した！

ネバー・マインドでは、朝九時から夕方六時まで、時間割がきっちりと決められています。大地もネバー・マインドに通い始めると、生活リズムが整い、朝しっかり起きられるようになってきました。巷《ちまた》のフリースクールと違って、「とにかく、家から出てスクールへ通う」というところから、もう一歩踏《ふ》み込んで、「頑張るきっかけ」を子供たちに与《あた》えてくれるのです。

学校に行かなくなったことで学力も落ちていましたが、ネバー・マインドでは、大地がつまずいていた小学三年生の勉強までさかのぼって丁寧《ていねい》に教えてくれました。そして、通い始めて二カ月が経つ頃には六年生の内容まで追いついたのです。勉強が分かるようになるにつれ、大地は自信を取り戻していきました。

さらに、信仰教育で仏法真理の書籍《しょせき》を読むようになり、考え方がとても大人になりました。「何がよいことで、何が悪いことか」という観点から、自分で考えて、発言するようになったのです。誰《だれ》かを批判する言葉などを耳にすると、「そういうことを言ったらいけないよね！」と言うようにもなりました。

また、「人の役に立つことは素晴らしいことなんだ」と教えてもらい、「自衛隊員になりたい」という夢ができました。テレビなどで自衛隊の人が出てくると、「素晴らしいね。立派だね」と語るのです。「人のために命をかける生き方」に魅力《みりょく》を感じたようでした。

不登校をとおして得た、心の宝物

一年四カ月間の不登校を経《へ》て、中学一年生の春から、大地は休まず登校しています。学業も部活も充実《じゅうじつ》しているようです。特に部活は、学校一厳しい剣道部《けんどうぶ》に入り、とても忙《いそが》しい毎日を送っています。

子供の不登校は、親にとってもショッキングなことだし、一見〝不幸な〟出来事に見えるでしょう。けれども、私たち親子にとっては、目に見えない世界からの恵《めぐ》みだったように、今になって思えるのです。

ネバー・マインドは、勉強だけではなく、信仰心を教えてくれ、息子に、「自分の心の持ち方と努力によって、未来を変えることができる」という希望を与えてくれたのです。

「未来は自分の力で切り開けるんだ」と実感した息子は、それ以来、自分から勉強するようになりました。将来の目標ができたことも一つですが、「頑張れば、自分に返ってくる」ということを分かっているからです。これは、学生時代に身につける智慧《ちえ》の一つだと思うのですが、それをネバー・マインドの生活でちゃんとつかめたんです。「言われてやる勉強」では、環境《かんきょう》が変わればやらなくなってしまいますが、自分から勉強できるようになったのは宗教教育の力だと思います。

また、親の私には「信じる力の素晴らしさ」を教えてくれました。そして何より、「目の前に現れてくる困難には、絶対に何か意味があるんだ」ということを、親子ともども、教えていただきました。

今では、「不登校になって、かえってよかったよね」なんて話したりするくらいです。

もし、同じような悩《なや》みを持つ方がいたら、「今は未来が見えなくて不安かもしれないけれど、絶対に、大丈夫ですよ」と言いたいです。「いつか『やっぱり大丈夫だった』って思える日が必ず来る。そう信じることが、子供の心を変える力になるから、どうか不安や恐怖に負けずに、子供を信じてあげてほしい」と、強く願っています。（談）

大地くんの
不登校克服ポイント

- お母さんが意識して明るい言葉を出し、家のなかが暗くならないように心がけた。

- ネバー・マインドのスタッフが熱意を持って大地くんと接し、励ましていた。

- 人の役に立つことは素晴らしいと知り、夢ができた。

2 子供たちに「成長している喜び」を知ってもらう

周りを責めるのも、自分を責めるのも、「極端《きょくたん》なこと」

佐々木さんの体験にもあったように、学校に行かなくなったお子さんは、「家にずっといる自分」が、自分自身でも許せなくなってきます。ほかの子供たちは学校に行っていて、授業も進み、勉強が進んでいるのに、自分は何もしないで一日中ずっと家にいる。そして、「自分はダメな人間なんだ」ということをずーっと心の中でグルグル考えて、それを暴力で紛《まぎ》らわせようとしたり、親にワーッと言って、気を紛らわせようとしたり、引きこもって、ゲームをやったりマンガを読んだりして、気を散らしたりしているんです。

要は、「自分が成長している喜びがない」ということが問題なのですが、それを認めたくなくて、そのような行動に走ってしまうので、成長を自覚することが、実は根本《こんぽん》的な治療法《ちりょうほう》になるのです。

成長している喜びがあまり得られないと、子供は無意識に、停滞《ていたい》した「今の自分」のままでよい理由を探し始めます。「親の仲が悪いのがいけないんだ」「学校の先生が悪いからだ」など、自分以外のところに、どんどん責任を転嫁《てんか》していき、周りを責め始めるのです。

一方で、「自分はもう生きていたって意味がないんだ」「全部、私のせいなんだ」と言って、自分を責めるタイプの子もいます。この自分を責めるか他人を責めるかのどちらか極端な状態に陥《おちい》ってしまうのです。

ここで気をつけたいのは、「できないこと」にばかり、心を向けすぎないことです。「自分は今、何もしていない」と思い詰《つ》めたり、「学校に行くこともできないダメ人間なんだ」などと考えると、「将来も、どうせ役に立たない大人になるんだろう」というふうに、自分の未来像もネガティブな方向で描いてしまうのです。

未来を心に描く力を持とう

私たちは、子供たちに、成長する喜びと生きている実感を持ってもらいたいと思っています。そのためには、「未来を描く力」「夢や理想を心に抱《いだ》く力」が必要なのです。

例えば、お子さんに「将来の夢は何？」と聞いたとします。最初は、なかなか前向きな気持ちにはなれないでしょうが、徐々《じょじょ》に、「私はお花屋さんになりたい」とか、「科学者になりたい」など、いろんな夢が出てきます。次に、「描いた夢が、自分だけではなく、多くの人のためになる夢かどうか」を一緒に考えます。ここが大きなポイントで、「多くの人を幸せにするために、自分の未来があるんだ」と自覚すると、それが子供にとっての大きな希望になるのです。そして、夢を叶《かな》えるために努力することの大切さを学んでいくようになります。

「忍耐《にんたい》の時」が、人を成長させていく

お子さんが突然《とつぜん》学校に行かなくなると親御《おやご》さんも戸惑《とまど》って、子供が「学校に行くのは嫌だ」と言っているから行かせない。「勉強するのが嫌だ」と言っているから、

勉強させないという処置を取ることがままありますが、運動をしなければ筋力が弱まってしまうのと同じで、だんだんお子さんの困難に対する〝抵抗力《ていこうりょく》〟がなくなってきますし、積極的な考えも浮《う》かばなくなってきます。

人生には試練を乗り越えるために努力しなければいけない時があります。そうした「忍耐の時」を避《さ》けて、目の前にある困難や障害をすべて取り除いてあげることを愛だと考える方もいるかもしれませんが、私たちの考えは少し違います。あくまでも、子供たち一人ひとりの「自助努力」と「心の成長」にこだわっているのです。

大川隆法総裁は、『教育の使命』という書籍のなかで、次のようなことを教えてくださっています。

「特に若い人に申し上げたいのですが、失敗や不名誉《ふめいよ》なことをあまり恐れすぎないようにしたほうがよいでしょう。

やはり、発奮《はっぷん》しなければ、人生において何事も成し遂げることはできませんし、その発奮のもとにあるのは、しっかりと恥《はじ》をかくことです。

『恥ずかしい思いや悔しい思い、苦しい思いをしながらも、それを耐え忍び、努

力を続けるなかに、道が開ける』ということを経験していくことが大事です。道は必ず開かれていきます。（中略）

また、もし自分の目標とするものに届かなかったとしても、苦しんだり、『自分の思いどおりにはならない』という厳しさを学んだりしたことが、必ず、その人の魅力《みりょく》に変わっていき、他の人を惹《ひ》きつけていくようになるでしょう」

困難と思えるようなことでも、子供たちが自分で考えて答えを見つけだし、努力できるように導くというのも愛ではないでしょうか。私たちは厳しいことを言う場合もありますが、それは愛していないからではなく、何の抵抗もない状態で育つより、乗り越えるのが難しい壁《かべ》があったほうが、人は成長するということを知っているからなのです。

思いつめないで、「お母さんもネバー・マインド！」

自分の子供が学校に行かなくなって、生活態度などが崩《くず》れていくのを見るのは、大変つらいことです。自分の家庭に隕石《いんせき》が落ちてきて急に壊《こわ》れるような衝撃《しょうげき》でしょうし、大きな不安もあると思います。ただ、客観的に見ると、慌《あわ》てて病院に駆《か》け込んだ時にお医者さんが言うように、〝こういう患者《かんじゃ》さんは、よくいらっしゃるんですよね〟という感じなのです。

不登校になったお子さんには、ある程度、パターンが決まっていますし、ネバー・マインドでは、どんな状態のお子さんであっても、だいたい「大丈夫です。受け入れますよ」とお話しします。ですから、お母さんに対しても、「ネバー・マインドですよ」と伝えたいのです。そして、まずは、お母さん自身の心の動揺《どうよう》を静めていただければと思います。

例えば、電車にも、特急みたいに途中《とちゅう》の駅をいくつか飛ばして走る電車もあれば各駅停車もあるように、成長の早さは子供によってそれぞれ違うので、お子さんにちょっと膝《ひざ》を抱《かか》えて立ち止まる時期があったとしても大丈夫です。そのあと、のびのび成長しますので、どうぞ安心してください。

ネバー・マインドには、同じような立場で苦しんだお子さんもいますし、いろんな子に接してきたお母さんたちもいますので、「自分の家庭だけが特別で、自分の子供はとても悪い子なんだ」と思ったり、そういうレッテルを貼《は》ったりして苦しむ必要はありません。

一人で抱え込まないで

親が動揺してしまうと、子供は逃げ場がなくなります。家庭のなかだけでは、お母さんとお子さんの一対一になってしまうので、できるだけ自分の家庭のなかだけで解決しようとしないほうがよいのです。お母さん方は、とにかく全部一人で抱え込んでいる気持ちになりやすいですし、実際、そうであることが多いです。ただ、「主人が助けてくれない。あの人もこの人も、何もしてくれない」と考え始めると、子供とお母さんの二人だけでドツボにはまってしまいます。周りから手を差《さ》し伸《の》べようとしている人はいますので、ぜひそういう周りの人に頼っていただけるとありがたいなと思います。

「必ずそういう助けがあって、必ずその苦しみの答えが見つかり、必ずその経験が子供の将来にとってよい方向につながっていく」ということについては、絶対の確信を持っていただいたほうがよいと思います。私たちはその苦しみの答えを見つけるためのお手伝いをさせていただきますので、安心してご相談いただきたいと思います。

子育てをしているなかでは、さまざまな困難にぶつかると思います。ですから、「自分だけが大変なんだ」とは考えなくてよいのです。

そして、苦しみを乗り越えたあとに、ご自身もまた他の人を助けられる人になっていっていただければと思います。

目に見えない愛や信じる力が子供に伝わる

私たちスタッフは、子供たちと接していくなかで、考え方や心、愛などの目に見えないものが、問題解決の糸口につながるのだと教えてもらった気がします。頭でっかちに知識だけ詰め込むのではなく、目の前の子供に対して、「私が、この子の責任を取ります！」という覚悟《かくご》のようなものがなければ、子供と真剣には向き合えません。ですから、どんなに若い講師でも〝熱血〟です。

お母さんや周りの人がなんと言っても、本人にしか分からない言い分のようなものがあるし、そこをめがけて真正面からぶつかっていかなければ、やはり前には進めません。例えば、大人同士だけで話をして、「この子をこういうふうにしよう」ということを勝手に決めると、子供は絶対に嫌がります。

自分のことなのに自分で決められない、言い分も聞いてもらえない――。次第に、「何を言ったってダメ。どうせ言うことを聞いてもらえないから言うだけムダ」と言って、諦《あきら》めを抱えている子もいます。

それに対して、「大人だってちゃんと話を聞く人もいるんだ」「その時はダメでも、いつか正しい考えは認められるんだ」という、ちょっとした成功体験も積ませてあげないと、不信感ばかり募《つの》ってしまって社会全体が悪く見えてしまいます。

大川隆法総裁は、悩みの原因は、根本的に「信頼ができない」というところにあると教えてくださっています。

「まず、自分に対する信頼ができていない。次に、他人に対する信頼ができていない。最後に、仏《ほとけ》に対する信頼ができていない。このように三つの信頼ができてい

ないために、さまざまな悩みが生《しょう》じてきているのです。（中略）

仏の心に添《そ》って人生を生きているとき、そこに試練はない。そこに苦悩はない。そういうものがあると思っているのは、自分の心の迷いにしかすぎない、錯覚《さっかく》にしかすぎないということを知りなさい。

信頼が欠けているということは、結局、仏が創った世界に生きていることを忘れているということです。それを信じていないということです。（中略）

まず仏の子である自分を信ぜよ。仏の子である他人を信ぜよ。そして、仏そのものを信頼せよ。

そこに、忍耐の時節はもろくも崩壊し、春の息吹《いぶき》のなかに、素晴らしい生命の賛《さん》歌《か》が広がってくるのです」（『幸福の原点』）

見えないところで支えてくれている人がたくさんいる

人を信じられる気持ちは本当に大事です。子供たちにとって、信じられる人ができるのは大きな宝です。それを育《はぐく》んであげるのも、ネバー・マインドの使命だと思っています。

「誰も信じられない」と言う子には、「そういうあなたを支えている人がたくさんいて、心配している人もたくさんいるということに、あなたが気づかないといけないんだよ。あなたのために、いろんな人が見えないところで支えてくれてるんだということに、人生のどこかで気づかなきゃいけないんだよ」と話します。悩みの渦《か》中《ちゅう》で苦しんでいるために、その時は難しくてよく分からないかもしれませんが、言葉の奥《おく》にある何かを肌《はだ》で感じ、少しずつその意味を理解していってもらえたらと思っています。

インタビュー②

「信仰の力で引きこもりを克服した」

鶴岡淳一《つるおかじゅんいち》さん（二十代）

突然の転校がきっかけで不登校に

私は小学五年生から中学二年生の半《なか》ばまで学校に行っていませんでした。原因は転校による急激な環境の変化です。山口県から鳥取県に引っ越し、仲のよかった友達と離《はな》れてしまい、転校初日は泣いて帰ったのを覚えています。

不登校になってからの毎日は、「このままじゃいけない」という思いと、それを突破する勇気が出ないジレンマがつきまとっていました。でも結局は、惰性《だせい》に流されて、次第に自分の部屋に引きこもるようになりました。

父は単身赴任《たんしんふにん》だったので、私は母一人に、自分の思いどおりにならない苛立《いらだ》ちをぶつけていました。「うるせえ！」と暴言を吐《は》くと、母の心にグサッと自分の言葉が刺《さ》さるのが分かります。悲しい表情をする母を見て、心の中では「ごめんね」と思っても、反抗的な態度を取り、素直になれませんでした。

そして、中学生になったあたりから、母よりも自分のほうが力が強くなってきたのが分かってきて、有り余った力を発散したくて、母に強く当たっていたこともあります。

母の変化に戸惑い、真理に関心を示す

ところが、その頃から母に変化がありました。ある時から、いくらきつい言葉をぶつけても母が笑顔でいるようになったんです。いくら暴言を吐いても、言葉の刃《やいば》がツルッとすべって、全然、心に刺さらないような感じでした。母がまったく自分の言葉で傷つかないことにうろたえました。

実はこの頃から、母が幸福の科学の支部に行くようになっていたんです。それを知って、興味がわきました。そこで、家族が外出して誰もいない隙《すき》に、家にあった幸福の科学の本をちょっと読んでみたんです。そうしたら、ものすごく感動しました。

幸福の科学の本を読むと、心がきれいになっていく感じがしましたが、そんな自分を素直に表現できず、母が帰宅したら、読んでいた本を座布団《ざぶとん》の下に隠《かく》して自分の部屋に閉じこもっていました。

あとで聞いた話ですが、当時、母は幸福の科学の支部長から次のようなことをアドバイスされて、実践《じっせん》していたようです。まずは、「息子の不登校は、私の生き方や心にも原因があるはず。だから、私が変わっていけば息子も元気になっていく」と信じる。次に、「子育ての祈《いの》り」（※）を、一日一回、心を込めて読む。三つ目は、近隣の信者さんと連絡《れんらく》を取って、支部などで開かれる集まりに参加してみる。そして最後に、息子の機嫌のよし悪《あ》しにかかわらず、愛情を込めて、「おはよう」や「おやすみ」を言える自分になることです。

母が言うには、鬼《おに》のような顔の息子に対して笑顔で挨拶《あいさつ》するというのが、いちばん難しかったそうです。

恩師との出会い

※幸福の科学の三帰誓願者に授与される『祈願文《きがんもん》②』に収録されている経文《きょうもん》の一つ。

それから、私は、家族がいない時には、幸福の科学の本を読むようになりました。
「どうか自分一人だけで嘆《なげ》き悲しまないでほしい。
あなたがたの苦しみを共に苦しんでいる存在があるということを、
その苦しみは自分だけの苦しみではないということを、知ってほしい。
わが子が転びてけがをして、喜ぶ母親はいない。
わが子が池に落ちて、喜ぶ父親はいないのである。
万一、わが子が事故に遭《あ》い血を流したなら、心が傷つかない親はいない。
仏の目にはそのように見えるのである。（中略）
愛とは、苦しみのなかにある人々を、悲しみのなかにある人々を、
また、苦しみや悲しみへのいばらの道に向かってゆこうとしている人々を、救うことである。
抱きとめることである。そして、見捨てないことである。（中略）
人を救いたいという心、助けたいという心、優しくありたいという心、
他人の苦しみや悲しみに黙《だま》っていることができないという心、

それが愛の心であり、その愛の心がみずからの内に宿っているということが、あなたがたが仏の子であるということの唯一《ゆいいつ》の証拠《しょうこ》なのである」（『無限の愛とは何か』）

こういう一節を読むと、わけもなく涙が流れました。

相変わらず学校は休んだまま三年目を迎えた頃、母に「支部に行ってみたい」と伝えて、連れていってもらいました。そこで恩師・渡邊《わたなべ》先生に出会ったのです。

公立中学校の教師をしていた渡邊先生は、私を決して子供扱《あつか》いせず、質問や相談に全部乗ってくれました。夜遅く別れても、その後も深夜まで電話で語り明かしたこともあります。「渡邊先生はまず私を理解しようとしてくれる。自分のことを分かってくれる」という安心感があったので、心を開いて素直に話せたんです。

支部の行事にも参加するようになり、行事のあとはよく渡邊先生の車で家まで送ってもらっていました。渡邊先生と仏法真理の話をしていると楽しくて、あっという間に家に着いてしまいます。

ところが、四、五カ月経った頃から、渡邊先生は、私が仏法真理の話をしようとすると、話題を変えるようになりました。

「それはそうと、家で勉強している？」などと、私の痛いところをつくような話をするのです。私は、「嫌なこと言うなー」と思いました。

以前から、渡邊先生には、勉強の大切さを何度も力説されていたのですが、私はなかなかやる気が起きませんでした。なにしろ、小学五年生からまったく勉強していないのですから。勉強しようとしても、いつも三日坊主《ぼうず》で終わっていました。

「今、自分を磨《みが》かなかったら、いつ磨くんだ」

ある日、いつものように、渡邊先生に車で送ってもらっていた時のことです。先生が次第に勉強のほうに話を持っていくのを感じて、私がなんとか話題を仏法真

理のほうに戻そうと、「努力精進《しょうじん》は大事ですよねー」と言った瞬間《しゅんかん》です。ちょうど信号が赤になり、車が停まりました。渡邊先生は、とても静かな声でこう言いました。

「淳一くんは幸福の科学で学んで、努力精進という言葉を知っているね。それは偉《えら》いね。だけど、仏法真理は、実践していないと意味がないんだよ」

その言葉がズシンと胸に響きました。

「ホント、そうですね」

恥《は》ずかしさが込み上げてきました。渡邊先生は、さらに続けて言いました。

「今、自分を磨《みが》かなかったら、いつ磨くんだ。学校に行かないだけじゃなくて、家でも努力しないというのであれば、魂修行にならんよ」

「今、大川隆法総裁が、中一の淳一くんに期待されていることは、努力して自分を磨いて、将来、世の中のお役に立つような人になることなんだよ」

私は言葉が出ませんでした。言い訳をして逃げてきた自分が情けなかったです。

車が再び動きだした時、私は決意を固め、「やってみます」と返事をしました。

いちばん逃げたかった、「学校に行きたくない」という感情をズバッと指摘《してき》されて、向き合わざるを得ないと思いました。「大川隆法総裁が期待してくださるんだったら、頑張るしかないよな。今のままじゃいけない。勉強したい。自分磨きしたい」という気持ちが、自然とわいてきたんです。

子供は、大人が表面的な対応をしているのか、本気で向き合ってくれているのかを敏感に察知します。当時の私が渡邊先生の厳しい指摘を素直に受け止められたのは、一人の魂として誠実に向き合ってくれているのを感じていたからだと思います。

「勉強」を始めるためにフリースクールや塾《じゅく》へ通う

家でもまったく勉強していなかったので、まずは近所の個別指導の塾《じゅく》と、地域のフリースクールに通い始めました。自分はどちらかというと勉強したかったんですが、フリースクールの先生たちはすごく優しくて、「勉強しなくていい」「学校は行かなくても、フリースクールで友達と話せたらいい」という感じで、ほぼ自由時間でした。

もちろん、「ここに来るだけでも、すごい」と言って受け入れてくれるのは、最初はいいんです。でも、だんだん向上心や勉強したいという気持ちが出てくるにつれ、そこにいる子たちと一緒にいても、自分の成長がないことを肌で感じ始めました。ちょっとつまらなくなるというか、自分の求めているものが与えられないという感じがしました。

そのあと、「学校に行きたいな」という気持ちが少し芽生《めば》えてきて、ちょうど家庭訪問してくれた学校の先生と放課後の教室に足を運ぶことになったのです。

まだ数人の生徒はいたのですが、普通《ふつう》に接してくれて、しばらくしてから、勇気を出して登校することにしました。

いざ決意したら、「あれ？ こんなにすんなり行けるのか」と、自分でもびっくりしました。もう中学三年の冬にさしかかっていたので、急いで受験勉強をして、なんとか高校に進学。そこでは三年間、無遅刻無欠席で皆勤《かいきん》になりました。このリカバリーショットが自信になりました。

幸福の科学の人たちの支え

渡邊先生に限らず幸福の科学の人たちは、「淳一くんは将来、絶対に大きい仕事をするよ。もっともっとお役に立つ人になれるから」と、何度も口に出して励ましてくれました。それが自信になって頑張れたということも言えます。自分にまったく自信がない時ですから、「無限の可能性が自分のなかに宿っている」という感覚が支えになったのです。

大学入学と同時に上京してからは、ネバー・マインドで、学生ボランティアとして多くの子たちに接してきました。ここには、ほかのフリースクールにはない大きな価値があると思います。

ネバー・マインドでは、学業修行と併《あわ》せて、仏法真理の勉強をしますが、そのなかで、自分の可能性に気づいたり、「将来、たくさんの人のお役に立てるような人になる」ということを、周りのみんなが教えてくれるので、そのまなざしに育まれたら、絶対に自信が回復します。

不登校になると、普通は、自分に希望が見いだせないものですが、「それでも自分の未来や成功を信じてくれる人がいて、苦しみや悲しみをすべて知った上で、見守ってくれている仏という存在がいる」という確信が深まると、強くなれるし、自分が変わっていけるような気がするんです。

幸福の科学の人は、「すべての子供たちが、絶対に仏の子だ」という思いがあったり、「必ず大きな使命を帯びて生まれてきたんだ」という目で、みんなを見てくれます。このまなざしの力は本当にすごいと思います。宗教的には「仏性を拝《おが》みだす」と言いますが、要は、子供たち一人ひとりの無限の可能性を信じて、導いてくれるんです。実際に、子供たちが努力していくことで本来の魅力が必ず光っていきます。

母親からの愛だったら、素直になれず反発してしまうかもしれませんが、家族や教師以外の大人から愛を注がれることによって、変わる可能性もあるのではないでしょうか。

ネバー・マインドは、あらゆる問題が本人の魂修行なんだという観点から、どうすれば壁を乗り越えられるかを一緒に考えてくれる場所です。

今、大人になって思う「両親への感謝」

もちろん、ストレートで学校に行かれた方も素晴らしいのですが、若い時に不登校という経験をした人たちは、苦しい時期を乗り越えたあとに、心の深みや貴重な知恵を得られると思います。

また、大人になった今だからこそ言えますが、当時の母親の忍耐や愛が少し分かるようになりました。本物の愛は、その時は分からなくてもずっと心の中に残っていて、絶対に分かる時が来ます。逆に、ニセモノの愛も、だんだん分かってくるので、その思いが真実かどうかということは、とても大事だと思います。そして、自分が受けた愛は、自然に自分もほかの人に与えられるようになると思います。

私は、二十歳《はたち》くらいになった時に、母の愛の大きさをしみじみと感じました。どんな子供であっても、母は耐えてくれました。もし、自分の子供が当時の私だったら、もう手がつけられなくてギブアップしてしまったかもしれません。

父への感謝も深まりました。自分の子供が不登校だと、「恥ずかしい」と思ったり、世間体《せけんてい》を気にする親御さんもいらっしゃると思います。子供からすれば、そういう親の反応が嫌で、もっと反発したくなるのですが、私の場合、父にも母にもそういうところがなかったということも、今から考えるとありがたかったです。

「人生をとおして、恩を返していきたい」

結果として、不登校を克服し、高校や大学にも行けましたが、もし、幸福の科学に出合っていなかったら、私は命を絶っていたかもしれません。引きこもって、ぶくぶく太って、外にも出られないような感じになって……という姿が目に浮かびます（笑）。

でも、幸福の科学に出合って、本当に自分の人生が変わったから、それを恩返しする以外に道はないと思い、幸福の科学の職員になりました。今は、仏法真理に基づいた教育をとおして、若い人たちの仏性を花開かせてあげたいと願っています。

この本を読まれている方のなかにも、不登校で苦しんでいる子がいるかもしれません。もしかしたら、学校に行かないということで、「自分はもうダメだ。人生が終わった」というような気持ちが起きるかもしれません。でも、本当に気にしなくていいんですよ。

怠《なま》けたり諦《あきら》めたりせずに、努力していけば、必ず仏性が花開きます。そして、若い時期に人と違った経験をしたということは、ある意味で、常識にとらわれない、人とは違う個性が、おそらくあると思うので、どうかマイナスにばかり捉《とら》えずに、強みとして生かせるように、発想を転換《てんかん》してみてください。（談）

鶴岡さんの
不登校克服ポイント

- お母さんが信仰に出合って心境が変わっていく姿に感化された。
- 「子供扱い」せず、一人の人間として、自分を理解してくれる人に出会えた。
- 仏法真理を学び、「自分には仏性がある。無限の可能性がある」ということを信じられた。

3 感情のまま動く子供が「自制心《じせいしん》」を得るには

鶴岡さんの告白にもあるように、不登校のお子さんがお母さんにきつい態度で接するというケースは多いのではないでしょうか。なかには、お子さんから手を上げられてしまうという方もいます。お子さんにしてみれば、歯止めがきかないのだと思いますが、ネバー・マインドでは、暴力をふるっている子や暴れる子には、「思春期だから体の成長もあってイライラすることもあるし、親に当たりたくなるかもしれないけど、自分の心は自分でコントロールできるんだよ」という話をします。

大川隆法総裁が、幸福の科学学園に通う中高生に向けてお話しされた際に、次のように、心のコントロールをすることの大切さを教えてくださっています。

「人には、いろいろな種類があり、いろいろな考え方があります。したがって、相手の考え方や行動について、あるいは、自分の思いが通《とお》らないことについて、腹が立つこともあるかもしれません。しかし、それに対して、単に嘆いたり、不平不

満を言ったりするのではなく、もう一段、相手への理解を深め、相手の立場に立って物事を考えてみることが大事だと思うのです。

これは、幸福の科学の教えのなかでも、いちばん大切なことの一つです。日々の生活のなかで生じる、いろいろな事件や人間関係のなかで、『自分の心が、どのように動いていくか。反応していくか』という心のあり方を見つめること、そして、常に、心が正しい方向に向くように、コントロールすること、上手に操縦することが大事なのです」（『真のエリートを目指して』）

成長していくために必要な、自制心《じせいしん》や辛抱《しんぼう》強さ、忍耐力というものは、生まれつき備わっているというよりも、周りの大人が教えてあげないと分からないものです。ですから、私たちは、「『暴れたい』という感情のままに暴れてはいけない。心のコントロールの仕方を仏法真理が教えてくれているから、あなたがまだコントロールできないのなら、今、それを学ばなければいけないのだよ」ということを、子供たちにも分かるように伝えます。

心を完璧《かんぺき》にコントロールするのは難しいことですが、心の法則を知ることで、徐々に乗り越えられるようになります。

4 親子で一緒《いっしょ》に自己変革にチャレンジしましょう

不登校は、親御さんの成長のチャンス

たくさんの親子を見てきた私たちに言えるのは、何か壁にぶつかった時、まずは自分のものの見方や考え方を変えてみようと素直に努力した人のほうが、問題を解決するのが早いということです。

例えば、「いじめがあったから学校が悪いんだ」とか、「子供のやる気がないのが悪い」とか、問題の原因を自分以外の誰かや環境のせいにしてしまう場合は、なかなか前に進みません。お子さんを施設《しせつ》などに預けただけで知らん顔をするのではなく、親御さん自身も、自分をどういうふうに変えて、どういうものの見方をしたら、より成長していけるか、家族が幸せになれるのかを考えて、自己変革することが大事です。そうされた方は、見事に全員、学校のせいにしたり、誰かが悪いというよ

うなことを言わなくなります。

ただ、「子供がこうなっちゃったのは私のせいなんだ。だから、私が変わらなきゃいけないんだ」と、自分を責めたり全否定したりする必要はありません。誰もが、人とぶつかったり傷ついたりして、前に進むことができなくなってしまう時期があります。そうした時は、何か変える必要があるというシグナルが灯っているのですが、このシグナルをポジティブに受け止め、自分自身の考え方や心の持ち方を変えることで、本当にハッピーに成長していけると思います。

また、お子さんを責める思いが出てきたり、学校や周りの人たちのせいに感じたりする時には、先ほど、自分の心をコントロールすることの大切さをお伝えしましたが、さらに、「他人の心はコントロールできない」ということを知っておいていただきたいと思います。大川隆法総裁は、次のようにおっしゃっています。

「理性的な人は自分の心を比較《ひかく》的コントロールできるのですが、たいていの人はそれができません。それゆえに苦しむのです。

このように、自分自身の心でさえ思うままにならないのですから、他の人の心、

ましてや自分が気にいらない人の心を、どうして思うとおりにできるでしょうか。他の人の心は、そう簡単にはコントロールできないものだと認めるべきです。
したがって、他の人の心を変えようとする前に、みずからのなかで変えられるものがあれば、まずそこから始め、ぎりぎりまでやってみることが大切なのです。そうしているうちに、相手が変わってくることもあるのです」(『人を愛し、人を生かし、人を許せ。』)
心が揺れ動く自分自身を完全に否定してしまうのではなく、成長することで、自分も周りも、より幸福になるのだと考え、そのために、考え方を少しずつ軌道《きどう》修正していくというのが自己変革の理想です。
ネバー・マインドでも、お子さんが飛躍《ひやく》的に成長する場合は、同じくらい親御さんも努力しているケースが多いです。

保護者の方の心の成長もサポートします

子供にとっては、自分のお母さんが「いちばんのお母さん」で、そのお母さんのことが大好きなのです。ですから、私たちは、お子さんもお母さんも、お互《たが》いによい影響を与え合い、共に幸せを実感できるように、お子さんと一緒《いっしょ》にお母さんにも、心を成長させていってほしいと願っています。

不登校は、子供だけが何かをすれば、すべてが解決するというわけではありません。親御さんもご自身の思いや言動を振り返ったり、よくなかったと思う部分を直そうとしてみることが大切です。ですから、私たちは、親御さんにも、幸福の科学の書籍を読みながら仏法真理を勉強してもらって、自分の心の中の見えないところに刺さっている苦しみのピンを探していただきたいと考えています。

そのお手伝いとして、お話を伺《うかが》うだけでなく、幸福の科学の書籍を読んで感想を書くというような、簡単な文章を書く講座への参加をお勧めすることもあります。話しているだけでは気づかないことも、文章を書くことによって分かってくることがあるからです。お母さんの反省や気づきが進んでいくと、お子さんによい影響が出るということもあります。

人生は一冊の問題集

大川隆法総裁からは、次のように、「人生は一冊の問題集」であり、その問題集をどのように解いていくかが大切だと教えていただいています。

「幸福の科学では、『人生は一冊の問題集である』と説いていますが、家庭もまた一冊の問題集であるわけです。

どの家庭も、まったく同じ問題集ということはなく、それぞれ少しずつ問題が違います。しかし、どこを探しても、最初から答えが全部入っている問題集はないのです。どの家庭にも、やはり問題は出てきます。（中略）

当会では、『人のせいや環境のせいにしてはいけない』ということを、繰《く》り返し説いていますが、現実には、人のせいも環境のせいもあります。ただ、それもまた、『悟りを得るための、人生の試練として、それぞれの人が、あるいは環境が、存在しているのだ』ということなのです」（御法話「子どもたちの試練と自立について」）

「幸・不幸は、固定的なものがあるわけではありません。与えられた題材から何を学び取り、どう生き方を変えていくかによるのです。

『人生は一冊の問題集である』とも私は説いていますが、『その問題集は、それぞれの人によって解き方が違うのだ。それぞれの人にとって、ちょうどよいテーマが与えられているのだ』ということを知らなければいけません」（『幸福の法』）

それぞれのご家庭の問題集は、百人百様ですし、実際、ご夫婦の実家の話まで出てきたりすることもあるので、パターン化することは難しいです。お父さんがお子さんに、どの程度、どういうかかわり方ができるかというところでも、家庭の個性がずいぶん出てきます。

しかし、同じような課題を乗り越えたお母さんたちと話すことで気がつくこともいっぱいあると思います。ネバー・マインドでは、そうした機会もたくさんありますので、そのなかから、お子さんの不登校が自分に何を教えようとしているのかということを知っていただけたらと思います。

また、幸福の科学の仏法真理はすべて、この「人生の問題集」を解決するためのヒントになっているので、これを学ぶことで何らかの答えを見出せることと思います。

どのような家庭であっても、お子さんの不登校をとおして、一度そこで立ち止まって、ご自身の考え方、生き方を見直してみようという気持ちさえ持っていれば、必ずよい方向に変えていくことができます。

終　章

「ネバー・マインド」メソッドで幸せな人生を

「宗教教育をとおして、子供たちの輝《かがや》きを解き放ってほしい」

幸福の科学理事兼《けん》宗教教育企画《きかく》局長　山田《やまだ》　茂《しげる》

わが子が不登校、でも、どうしたらいいか分からない

その日は突然《とつぜん》やってきます。朝、「お腹《なか》が痛い」と言って、学校を休むわが子……。「一日だけかな」と思って、そっとしておくと、週に何度も学校を休み始めます。ズルズルと日は過ぎて、いつのまにか、学校に行かないことが当たり前になってしまう……。こんな光景が、全国各地で繰《く》り返されています。

その間、何度も親子喧嘩《げんか》が続きます。親のほうも、なんとか子供を学校に行かせようとして、怒《おこ》ったり、なだめたり、少しだけ希望を持ってみたり、やっぱり絶望したり、なかなか心が休まりません。学校に行かない理由がハッキリしているなら

ば、まだ対策の立てようもあります。しかし、子供のほうも、なぜ自分が学校に行きたくないのか、分かっていないことも多いのです。

親子ともどもヘトヘトになってしまい、不登校からの出口が見えないご家庭も多いのではないでしょうか。

こうした問題は、皆《みな》さんのご家庭だけにあるのではありません。今、不登校児は、年間に約十七万五千人いるといわれています。統計が取れているだけでこの数字ですから、実際はもっと多くの方が悩《なや》みのなかにいらっしゃるでしょう。一クラスに何人かは不登校の子供がいるのは、もはや当たり前になっているのが、今の学校です。

では、その問題に対して、答えが用意されているのか。対策は打たれているのか。そう考えると、なかなか厳しいのが現状です。

学校の先生は、一クラスに何人も子供を抱《かか》えていて、とても不登校児のケアまで手が回らないというのが、正直なところでしょう。ただでさえ授業時間が少ないなかで、道徳の授業時間さえ取れずにいるくらいですから。

なかには、学校のカウンセラーに相談される方もいらっしゃいます。しかし、親も子も、カウンセリングだけでは問題が解決しないようです。カウンセラーたちは、確かに、悩みや愚痴《ぐち》を聞いてはくれるのですが、「ではどうしたらいいか」という段になると、なかなか答えが出てきません。話を聞いてもらっても、いつも同じ愚痴をこぼしているばかり。同じところをグルグルと回っているだけで、暗闇《くらやみ》からどうやって抜《ぬ》けだすのか、それが分からないのです。

学校関係には、不登校問題の専門家といわれる方もいます。私たちも、以前、そうした方にお話を伺《うかが》ったことがあります。

「どうして不登校になるんでしょうか」

答えは正直なものでした。

「それが、よく分からないんですよ」

「では、どうやって解決に導いているんですか」

答えはもっと驚《おどろ》くべきものでした。

「本当はよく分かっていないんですよ。だから、とりあえず、子供たちを受け入れているんです……」

世の中のどこを探してみても、不登校の問題に対して、「こうしたら解決します！」と自信を持って話せる場所は、見当たらないようです。

しかし、「ネバー・マインド」には答えがあります。「こうしたら不登校問題は解決できる」とお勧《すす》めできる、「ネバー・マインド」メソッドがあります。

本書をとおして、その一端《いったん》なりとも感じ取っていただければ幸いです。

試行錯誤《しこうさくご》だらけのスタート

かくいうネバー・マインドも、始まった当初から、これほど自信を持ってお答えできるメソッドを持っていたわけではありませんでした。毎日が試行錯誤《しこうさくご》の連続です。いろいろなフリースクールの真似をしてみては、なかなか手ごたえを得られずに、手探りで進むばかりでした。

最初に私たちが考えていたのは、「とにかく子供たちに安らげる場所を提供しよう」というものでした。学校という行き場を失っている子供たちが、心を開いてのびのびできる場所を提供できるならば、それでいいではないか、という考えでした。

確かに、いろいろな子供たちがやってきます。学校でいじめられた子、なんとなく学校が苦しくなってしまった子、発達障害やアスペルガー症候群《しょうこうぐん》と言われて、学校に行きにくくなった子……。どんな子が来ても、「ここは温かい場所だ」と言われるように、心を込《こ》めて受け入れていました。

子供たちには喜ばれました。やっとくつろげる場所に出合えて、毎回通ってくれる子もたくさん生まれました。

でも、何かが足りないのです。傷ついた心を癒《いや》し、羽を伸《の》ばして、学校に戻《もど》る子もいました。しかし、なかには、ずっと同じ状態のまま、学校には行かず、踏《ふ》みとどまっている子も見受けられました。

その頃《ころ》のネバー・マインドは、子供の安らぎを中心に置いていたので、ゲームはやり放題、マンガも読み放題でした。勉強といえば、少しの時間教えるだけです。心の交流という名目で、ほとんどは自由時間でした。これは、巷《ちまた》のフリースクールもほぼ同じ状態だと思います。子供たちの自由を尊重してはいるのですが、教育機関として見れば、「ほったらかし」と言えば、そう見えなくもありません。

あちこちのフリースクールでは、不登校の子供たちは「エネルギーが涸《か》れている」から、それが満ちてくるまで、「待ってあげる」「時間を与《あた》えてあげる」ことが大切だと理解しているようです。確かに、待ってあげることも大切ですが、私たちは、この姿勢そのものが、親も子も、学校も、何もしないことの言い訳に使われてしまう危険性を感じています。

ちなみに政府は、こうしたフリースクールに対しても補助金行政をすることを検討しているようですが、果たしてどこまで効果があるのか、個人的には疑問を持ってしまいます。不登校児を受け入れて、居場所はつくってあげてはいるのですが、問題の先送りをしているだけのようにも感じられます。

やがては子供たちも学齢期《がくれいき》を過ぎてしまいます。将来の進路があやふやなまま、貴重な学齢期を過ごしてしまっては、とてももったいないのではないでしょうか。

「学業と心の修行《しゅぎょう》」中心へとイノベーション

ネバー・マインドが大きく中身を変えたのは、二〇一二年の十月です。

「このままでは、成長がない。永遠の停滞《ていたい》だ。子供たちにも、なんとか向上する喜びを味わってもらいたい」

そう思って、運営方針を大きく変えてみました。

当時通っていた子供たちにとっては、極端な方針変更《へんこう》と映ったかもしれません。なにしろ、ゲーム、マンガは持ち込み禁止。火曜日から金曜日まで三泊《さんぱく》四日の宿泊修行《しゅぎょう》が基本です。規則正しい生活をして、朝は祈《いの》りと信仰《しんこう》教育からスタートします。五十分の学業修行は、一日に六から七コマ。日中は運動の時間さえ入ります。

今まで、自由に来て、自由に帰っていた子供たちからは、正直言って、いろいろな反発がありました。「ゲームやマンガがなければ、友達と共通の話題もできない。それを禁止するのはおかしい」「勉強についていけなくて苦しいから、ネバー・マインドに来ているのに、勉強ばかりするのはおかしい」などなど……。

また、保護者の方からも、いろいろな声を頂戴《ちょうだい》しました。一番多かったのは、「子供たちがかわいそう。子供たちを見捨てるのか」というお声だったように思います。新しい方針にご納得いただけず、足が遠のいた方もいました。

もちろん、集中して机に向かうことが、なかなか難しい子供もいました。不登校児は、たいてい学力の伸びが止まっていることがあります。私たちは、学年に関係なく、その子がつまずいているところまで立ち戻って、一緒《いっしょ》に勉強を続けるという方針を立てました。「勉強が分からないことは恥ずかしいことじゃないんだよ、誰《だれ》でもはじめは分からないことだらけなんだ。だから、一緒に少しずつ伸ばしていこうね」と、一人ひとりに寄り添《そ》って学びを続けていきました。

自分たちでも驚くような結果が、立て続けに

新しい方針を貫《つらぬ》いた結果、私たちもビックリするようなことが起きてきました。なんと、半年後の二〇一三年四月には、ネバー・マインドに通っていた子供たちの九割が卒業して、再登校、進学をしてしまったのです。こんなことは、当初、まったく予想さえしていなかった事態です。

同じことは翌年も続きました。今度は、八割を超《こ》える子供たちが、立て続けに再登校、進学していきました。三年目に至っては、一カ月以上通ってきてくれた子供たちは、百パーセントでした。巷にあるフリースクールでは、三割から四割が復学すればいいほうと言われているのに、それを大きく上回る数字が出てしまっているのです。

私たちは、なにも復学、再登校を仕事の成果として追求《ついきゅう》していたのではありません。ただ単に、子供たちに「幸福」になってもらいたくて、日々、悪戦苦闘《あくせんくとう》していただけです。もし、再登校率を追求していたら、「どうやって学校に戻そうか」という心が前面に出て、なかには、通いにくくなった子供も出たかもしれません。

私たちが目指していたのは、子供たちに「本物の自信」と「未来への希望」を与えることでした。不登校という挫折《ざせつ》体験を抱えている子供に、なんとかして「自分もやればできる」とつかんでもらいたいと思ってきました。また、「この努力の先には明るい未来が待っているんだ」ということを、信じてもらいたいと願ってきました。この考え方そのものが、大きな仕事をしたのでしょう。

不登校解決策としての悪霊《あくれい》対策

幸福の科学という宗教が母体である、ネバー・マインドだからこそできる不登校児対策があります。それは「悪霊《あくれい》対策」です。

悪霊とは、不成仏霊《ふじょうぶつれい》や動物霊《どうぶつれい》、宗教霊《しゅうきょうれい》など、地上に生きている私たちに取り憑《つ》いて、障《さわ》りを起こす霊のことです。不登校問題の多くは、自覚しているいないにかかわらず、こうした悪《あ》しき霊の影響《えいきょう》を受けていることがあります。宗教的に言えば、こうした悪霊たちと縁《えん》遠い生活に引き戻していくことが、不登校問題の解決策なのです。

悪霊といっても、怖《こわ》がる必要はありません。「波長同通《はちょうどうつう》の法則」といって、自分の心が出している波長、考え方にネガティブなものがあると、それと同じような考え方を持った悪霊を引き寄せてしまうのです。ですから、規則正しい生活のもと、仏法真理《ぶっぽうしんり》を学んで、悪霊と反対の考え方や言葉、行動を積み重ねていけばいいのです。

例えば、「自分が不幸なのは○○さんのせいだ」「○○さんが憎《にく》い」などと考え続けていると、人相《にんそう》も悪くなってくるし、言葉もトゲトゲしくなってきます。あるいは、「自分は何をやってもダメだ」「生きている価値もない人間だ」などと考えていれば、何もやる気が出ず、引きこもりたくなるのも当然でしょう。こうしたマイナスの心に、悪霊が寄ってくるのです。そして、迷いや苦しみを増幅《ぞうふく》させます。

特に、不登校児は運動不足になりがちです。加えて、昼夜逆転の生活、ゲーム漬《づ》けの毎日だと、悪霊にとっては格好の餌食《えじき》です。乱れた生活を続けているうちに、感情がむきだしになり、物事を理性的に判断することができず、自分の将来のことを考えて、禁欲的に生きることができなくなってしまいます。

私たちは、そうした悪しき霊的作用が、どれだけ子供たちの不幸につながっているか、数多くの経験を重ねて実感しているので、まずは、悪霊と〝ご縁〟がなくなるような生活習慣を確立することが第一だと考えています。ネバー・マインドが、合宿を中心にして、「祈り」や「信仰教育」を大切にする理由の一つも、ここにあります。

さらには、「作《さ》務《む》修行」といって、心を込めて掃除《そうじ》をし、環境《かんきょう》整備をしていくことも、有効な修行方法です。他の人が気持ちよく学べるように、心を込めて作務をしていくことで、自分の心の中の汚《よご》れも落としていくことができます。

例えば、「この机を使う人が、気持ちよく勉強できるように」という願いを込め、心を静めながら、机を並べ、丁寧《ていねい》に机の上をふいていきます。単純な作業なのですが、いつの間にか、荒《あ》れ果てた自分の心の中がよく見えてくるようになり、その誤りに気づくことができたりします。こうして、周りの方への感謝の心を学んでいくことができるのが、作務修行の効果です。

ネバー・マインドの子供たちに人気の 大川隆法《おおかわりゅうほう》総裁の著作 Best 3

1『不動心』

\子供たちの声/「仏の子の自覚」という教えが、自分の心に響きました！

2『エクソシスト入門』

\子供たちの声/ 読み始める前は、少し怖かったのですが、いろいろと興味があることが書かれていました！

3『勇気の法』

\子供たちの声/ 第１章「友情と勇気について」が、とても参考になります！

最後に、悪霊対策と言えば、何よりも有効なのは、全国各地にある幸福の科学の精舎《しょうじゃ》で、祈願《きがん》を受けたり、研修を受けたりすることです。こうした宗教修行をとおして、まさしく人生が激変する子供たちを、私たちは何人も目にしています。精舎は霊的世界との交流基地です。本書をお読みの皆さまにも、ぜひ、人生の軌道《きどう》修正のお役に立つことができれば幸いです。

家庭調和を心がける

不登校児のケアをしていると、必ずと言っていいほどぶち当たる問題があります。それは、「家庭調和」です。不登校児のご家庭は複雑な事情を抱えていることも多く、子供になんらかのストレスがしわ寄せされていることが見受けられます。

ネバー・マインドのスタッフたちは、子供たちの心のケアだけでなく、お母さんやお父さんの悩み解決にも取り組んでいます。時には、幸福の科学の書籍《しょせき》を読み込んでいただき、論文課題をお出しすることさえあります。

なかには、電話の先で泣きじゃくっているお母さんもいます。「私のどこが悪かったんでしょうか……」と。しかし、なんとかして自分自身を変えようとしている方は、意外と立ち直りも早いものです。

反対に、なかなか事態が改善しないタイプの方もいます。とにかく「学校が悪い」「子供が悪い」「子供の友達が悪い」「夫が悪い」「夫の両親が悪い」などの考え方に凝《こ》り固まっている方です。誰かが変わってくれさえすれば、自分は幸福になれるという考えで、絶えず誰かを責めてばかりいる親御《おやご》さんは、なかなか幸福への糸口を見つけるのが難しいものです。

本書の第4章に出てくる鶴岡《つるおか》さんの体験談も、親の自己変革が不登校の解決の糸口になった事例です。鶴岡さん本人に当時を思い出して語っていただくと、こんな話が返ってきました。

「当時、自分の心は荒れていて、母親にいつも当たっていました。でも、ある時から、母親の心が揺《ゆ》れなくなったのです。いつもなら大喧嘩になってしまうような、ひどい言葉を使っても、母親の反応が違《ちが》ってきたのです。これは何かあるぞ、と思い、聞いてみると、幸福の科学に出合って、大川隆法《おおかわりゅうほう》総裁の本を読み始めたとのことだったんです」

とにかく、不登校児を抱えるご家庭は、どうしたらいいか分からないことだらけで、閉塞感《へいそくかん》にあふれています。期待をかけても子供はなかなか変わらない。夫はなかなか理解してくれない。学校もなかなか対応してくれない。でも、そんな時に「いい方法」があります。

それが、お母さんが「自分の心」を変えていくことです。お母さんの心を幸福にしていくことです。

一日一日、できることからでよいので、何かを変えてみましょう。洗濯物《せんたくもの》をたたむ時に、愛を込めてみる。洗い物をする時に、感謝の心を込めてみる。料理には家族の健康を願う心を込めてみる。

運命の歯車は、小さなところから回していくことができます。

おわりに

いかがでしたか。本書をとおして、「ネバー・マインド」の魅力《みりょく》の一端《いったん》が、伝わりましたでしょうか？

本書では、不登校問題という、現代の教育が抱《かか》える大きなひずみに対して、宗教の世界から解決に挑《いど》んできた私たちの姿勢をお伝えしてきました。もちろん、ここには紹介《しょうかい》できないくらいの感動体験が、まだまだネバー・マインドにはいっぱいつまっています。

不登校問題の解決に当たり、私たちが目指しているものは、表面的なテクニックの開発ではなく、根源的で、全人格的な人生の立て直しです。教育学、心理学、医学などの専門家から見れば、至らないところも数多く目につくこととは思いますが、立派に巣立っていく子供たちの姿を見るにつけ、私たち自身も励《はげ》まされながら、今日も悪戦苦闘《あくせんくとう》しています。

ネバー・マインドに来る子供たちには、さまざまなレッテルが貼《は》られています。「この子は発達障害だから」「起立性調節障害《きりつせいちょうせつしょうがい》だから」「学習障害だから」など、大人たちは、子供を一定のカテゴリーに分類することによって、理解しようとしています。しかし、私たちは、できるだけ白紙の目で、子供の魂《たましい》に接したいと願っています。理解を深めようとしてつけたカテゴリーが、かえって理解を妨《さまた》げているケースが、数多く目につくからです。

さあ、本書を手に取ったあなた。次は、あなたが奇跡《きせき》の主人公になる番です。ぜひ、お気軽にネバー・マインドに連絡《れんらく》をしてみてください。幸福の科学のことは、まだよく分からないという方でも結構です。実際に、信者でなかった方が、ネバー・マインドを通じて人生が好転してきたという実例も、数多くあります。

最後に、ネバー・マインドという「魂の救済」の場をお許しくださった、大川《おおかわ》隆法《りゅうほう》総裁、そして、どんな時でも、文字どおり「献身《けんしん》的に」子供たちと接してくださっている、数多くのボランティア、スタッフの皆《みな》さまに、この場を借りて心から感謝申し上げます。

二〇一五年四月

幸福《こうふく》の科学宗教教育企画局《かがくしゅうきょうきょういくきかくきょく》　不登校児支援《ふとうこうじしえん》スクール　ネバー・マインド

「ネバー・マインド」の再登校支援《しえん》カリキュラム

1. 学業支援

1日6コマの時間割を設け、まずは各人の理解度に合わせた徹底的な指導を行います。また、次の進路先に目標を持っている子供たちには、受験対策指導も行います。

2. 信仰教育

信仰教育は、月1回の祈願に加え、研修などで、幸福の科学の基本的な教えを子供向けに分かりやすく解説し、自己を支える軸となる考え方を教育します。

学業修行《しゅぎょう》と併《あわ》せて宗教修行に取り組むことは、バーンアウトした原因を知り、心の苦しみの根本《こんぽん》的な解決につながるので、子供たちに精神的安定を取り戻《もど》させることができます。

3. 体力増強プログラム

毎日の通学や通常の学校生活を送らなくなった子供たちは、次第に体力が低下していきます。そして、体力の低下は集中力や学習意欲の低下にもつながります。

ネバー・マインドでは、有酸素運動やアウトドアでの遊び等、楽しみながら体力増強を図《はか》るプログラムを毎日行います。

4. 創造活動、心の交流、精舎《しょうじゃ》でのボランティア修行

学校での課外活動に当たる時間として、創造活動や遠足、心の交流を図るためのさまざまな企画を開催しています。

また、精舎での作務《さむ》修行などにも取り組みます。〔いずれも不定期開催〕

5. 宿泊型の修行スタイルと地方精舎での合宿（単発開催）

通学不可能な地域にお住まいの方には、いつでも宿泊修行が可能です。お子さんがネバー・マインドを気に入り、継続して参加したいという段階になりましたら、随時ご相談ください。

また、年に1、2回のペースで幸福の科学の精舎でも合宿修行を開催しています。これを機にネバー・マインドの宿泊修行に入られるお子さんも多数います。

6. 苦しみを乗り越《こ》えて獲得《かくとく》する悟りの体得を目指す

「悟りが向上する」というのは、人生におけるあらゆる困難を乗り越えるための智慧《ちえ》が身につき、精神性が高まっていくことを意味します。

学力の到達度だけでなく、こうした悟りの観点からも子供たちの成長を支援できるのは、幸福の科学の宗教思想をバックボーンに持つ、ネバー・マインドしかありません。不登校という苦しみを乗り越えようとする過程で、子供たちの心には多くの「悟り」の兆《きざ》しが生まれます。それを見逃すことなく、育み、伸ばしていきます。

お問い合わせ、ご相談は下記までご連絡ください。

TEL **03-5750-1741**　FAX **03-5750-0734**

メール **nevermind@happy-science.org**

不登校児支援スクール　ネバー・マインド

（ふとうこうじしえんすくーる　ねばー・まいんど）

幸福の科学が運営する不登校児支援スクール。子供たちが本物の自信と希望の未来をつかめるように、大川隆法総裁が説く仏法真理に基づくメソッドを用いて、学習指導、生活指導を行っている。

執筆・編集協力：平田智香
装丁・イラスト：森元淳子

大丈夫《だいじょうぶ》、不登校《ふとうこう》は解決《かいけつ》できる。

学校に復帰したくなる「ネバー・マインド」メソッド

2015年　5月17日　初版第1刷
2015年　7月　7日　　　第2刷

編　著　不登校児支援スクール　ネバー・マインド

発行者　本地川　瑞祥
発行所　幸福の科学出版株式会社
〒107-0052　東京都港区赤坂2丁目10番14号
TEL（03）5573-7700
http://www.irhpress.co.jp/

印刷・製本　中央精版印刷株式会社

落丁・乱丁本はおとりかえいたします

ISBN978-4-86395-668-1 C0037

大川隆法ベストセラーズ・理想の教育・子育て

教育の法
信仰と実学の間で

深刻ないじめ問題の実態とその解決法、尊敬される教師の条件、親が信頼できる学校のあり方など、日本の学校教育を再生させる方法が示される。

1,800円

1,800円

教育の使命
世界をリードする人材の輩出を

宗教教育はなぜ大切なのか。分かりやすい切り口で、幸福の科学の教育思想がまとめられた一冊。未来を担う人材を育てるために必要な教育の理想が語られる。

じょうずな個性の伸ばし方
お母さんの子育てバイブル

霊的に見た正しい胎教のあり方から、幼児教育の方法や反抗期の乗り越え方、子供の障害や病気に対する考え方など、子育てに奮闘するお母さんへのアドバイスが満載。

1,400円

※表示価格は本体価格(税別)です。

大川隆法ベストセラーズ・努力の意味が分かる

子どもにとって大切なこと
強くたくましく生きるために

強く、優しく、賢い人になるための子供向けに説かれた成功論。カラーイラスト付きで、勉強の大切さや心の持ち方などが楽しく学べる一冊。

1,400円

真のエリートを目指して
努力に勝る天才なし

幸福の科学学園で説かれた法話を収録。「学力を伸ばすコツ」「勉強と運動を両立させる秘訣」など、未来を開くための心構えや勉強法が分かる。

1,400円

青春の原点
されど、自助努力に生きよ

将来、大をなすために青春時代に身につけるべきことや、自分も相手も幸福になるよい恋愛をするための秘訣などが語られる。現代の「セルフ・ヘルプ論」。

1,400円

学部のご案内

人間幸福学部

人間学を学び、新時代を切り拓くリーダーとなる

人間の本質と真実の幸福について深く探究し、
高い語学力や国際教養を身につけ、人類の幸福に貢献する
新時代のリーダーを目指します。

経営成功学部

企業や国家の繁栄を実現し、未来を創造する人材となる

企業と社会を繁栄に導くビジネスリーダー・真理経営者や、
国家と世界の発展に貢献し
未来を創造する人材を輩出します。

未来産業学部

新文明の源流を創造するチャレンジャーとなる

未来産業の基礎となる理系科目を幅広く修得し、
新たな産業を起こす創造力と企業家精神を磨き、
未来文明の源流を開拓します。

校舎棟の正面

学生寮

体育館

住所 〒299-4325 千葉県長生郡長生村一松丙 4427-1
TEL.0475-32-7770

Noblesse《ノーブレス》 Oblige《オブリージ》　「高貴なる義務」を果たす、「真のエリート」を目指せ。

幸福の科学学園
中学校・高等学校（那須本校）

Happy Science Academy Junior and Senior High School

私は、
教育が人間を創ると
信じている一人である。
若い人たちに、
夢とロマンと、精進、
勇気の大切さを伝えたい。
この国を、全世界を、
ユートピアに変えていく力を
出してもらいたいのだ。

（幸福の科学学園 創立記念碑より）

幸福の科学学園 創立者
大川隆法

幸福の科学学園（那須本校）は、幸福の科学の教育理念のもとにつくられた、男女共学、全寮制の中学校・高等学校です。自由闊達な校風のもと、「高度な知性」と「徳育」を融合させ、社会に貢献するリーダーの養成を目指しており、2015年4月に開校五周年を迎えました。

Noblesse《ノーブレス》 Oblige《オブリージ》

「高貴なる義務」を果たす、
「真のエリート」を目指せ。

幸福の科学学園

関西中学校・高等学校

Happy Science Academy Kansai Junior and Senior High School

私は日本に
真のエリート校を創り、
世界の模範としたい
という気概に満ちている。
『幸福の科学学園』は、
私の『希望』であり、
『宝』でもある。
世界を変えていく、
多才かつ多彩な人材が、
今後、数限りなく
輩出されていくことだろう。

（幸福の科学学園関西校　創立記念碑より）

幸福の科学学園　創立者

大川隆法

滋賀県大津市、美しい琵琶湖の西岸に建つ幸福の科学学園（関西校）は、男女共学、通学も入寮も可能な中学校・高等学校です。発展・繁栄を校風とし、宗教教育や企業家教育を通して、学力と企業家精神、徳力を備えた、未来の世界に責任を持つ「世界のリーダー」を輩出することを目指しています。

幸福の科学学園・教育の特色

「徳ある英才」の創造

教科「宗教」で真理を学び、行事や部活動、寮を含めた学校生活全体で実修して、ノーブレス・オブリージ(高貴なる義務)を果たす「徳ある英才」を育てていきます。

体育祭

天分を伸ばす「創造性教育」

教科「探究創造」で、偉人学習に力を入れると共に、日本文化や国際コミュニケーションなどの教養教育を施すことで、各自が自分の使命・理想像を発見できるよう導きます。さらに高大連携教育で、知識のみならず、知識の応用能力も磨き、企業家精神も養成します。芸術面にも力を入れます。

探究創造科発表会

一人ひとりの進度に合わせた「きめ細やかな進学指導」

熱意溢れる上質の授業をベースに、一人ひとりの強みと弱みを分析して対策を立てます。強みを伸ばす「特別講習」や、弱点を分かるところまでさかのぼって克服する「補講」や「個別指導」で、第一志望に合格する進学指導を実現します。

授業の様子

自立心と友情を育てる「寮制」

寮は、真なる自立を促し、信じ合える仲間をつくる場です。親元を離れ、団体生活を送ることで、縦・横の関係を学び、力強い自立心と友情、社会性を養います。

毎朝夕のお祈りの時間

幸福の科学学園の進学指導

1 英数先行型授業

受験に大切な英語と数学を特に重視。「わかる」（解法理解）まで教え、「できる」（解法応用）、「点がとれる」（スピード訓練）まで繰り返し演習しながら、高校三年間の内容を高校二年までにマスター。高校二年からの文理別科目も余裕で仕上げられる効率的学習設計です。

授業の様子

2 習熟度別授業

英語・数学は、中学一年から習熟度別クラス編成による授業を実施。生徒のレベルに応じてきめ細やかに指導します。各教科ごとに作成された学習計画と、合格までのロードマップに基づいて、大学受験に向けた学力強化を図ります。

3 基礎力強化の補講と個別指導

基礎レベルの強化が必要な生徒には、放課後や夕食後の時間に、英数中心の補講を実施。特に数学においては、授業の中で行われる確認テストで合格に満たない場合は、できるまで徹底した補講を行います。さらに、カフェテリアなどでの質疑対応の形で個別指導も行います。

4 特別講習

夏期・冬期の休業中には、中学一年から高校二年まで、特別講習を実施。中学生は国・数・英の三教科を中心に、高校一年からは五教科でそれぞれ実力別に分けた講座を開講し、実力養成を図ります。高校二年からは、春期講習会も実施し、大学受験に向けて、より強化します。

詳しい内容、パンフレット、募集要項のお申し込みは下記まで。

幸福の科学学園 関西中学校・高等学校

〒520-0248
滋賀県大津市仰木の里東2-16-1
TEL.077-573-7774
FAX.077-573-7775
[公式サイト]
www.kansai.happy-science.ac.jp
[お問い合わせ]
info-kansai@happy-science.ac.jp

幸福の科学学園 中学校・高等学校

〒329-3434
栃木県那須郡那須町梁瀬 487-1
TEL.0287-75-7777
FAX.0287-75-7779
[公式サイト]
www.happy-science.ac.jp
[お問い合わせ]
info-js@happy-science.ac.jp

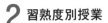

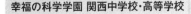

仏法真理塾

サクセスNo.1

未来の菩薩を育て、仏国土ユートピアを目指す！

サクセスNo.1 東京本校（戸越精舎内）

仏法真理塾「サクセスNo.1」とは

宗教法人幸福の科学による信仰教育の機関です。信仰教育・徳育にウエイトを置きつつ、将来、社会人として活躍するための学力養成にも力を注いでいます。

「サクセスNo.1」のねらいには、「仏法真理と子どもの教育面での成長とを一体化させる」ということが根本にあるのです。

大川隆法総裁　御法話『サクセスNo.1』の精神」より

エンゼルプランV

信仰教育をベースに、知育や創造活動も行っています。

信仰に基づいて、幼児の心を豊かに育む情操教育を行っています。また、知育や創造活動を通して、ひとりひとりの子どもの個性を大切に伸ばします。お母さんたちの心の交流の場ともなっています。

TEL 03-5750-0757　FAX 03-5750-0767
メール angel-plan-v@kofuku-no-kagaku.or.jp

ユー・アー・エンゼル!(あなたは天使!)運動

障害児の不安や悩みに取り組み、ご両親を励まし、勇気づける、障害児支援のボランティア運動です。学生や経験豊富なボランティアを中心に、全国各地で、障害児向けの信仰教育を行っています。保護者向けには、交流会や、医療者・特別支援教育者による勉強会、メール相談を行っています。

TEL 03-5750-1741　FAX 03-5750-0734
メール you-are-angel@happy-science.org